초등 영어표현

영어를
결정
하는

초등 영어를 결정하는 영어표현

저자 김경하

초판 1쇄 인쇄 2020년 4월 9일   **초판 1쇄 발행** 2020년 4월 23일

발행인 박효상   **편집장** 김현   **기획·편집** 배수현, 김준하, 김설아   **조판** 이연진
표지, 내지 디자인 문예진   **삽화** 하랑 전수정
마케팅 이태호, 이전희   **관리** 김태옥   **종이** 월드페이퍼   **인쇄·제본** 헌문자현
녹음 YR미디어

출판등록 제10-1835호   **발행처** 사람in
주소 04034 서울시 마포구 양화로 11길 14-10 (서교동) 3F
전화 02) 338-3555(代)   **팩스** 02) 338-3545   **E-mail** saramin@netsgo.com
Website www.saramin.com
책값은 뒤표지에 있습니다. 파본은 바꾸어 드립니다.

ⓒ 김경하 2020

ISBN
978-89-6049-839-6 64740
978-89-6049-808-2 (set)

우아한 지적만보, 기민한 실사구시 사람in

어린이제품안전특별법에 의한 제품표시		
제조자명 사람in	**전화번호**	02-338-3555
제조국명 대한민국	**주 소**	서울시 마포구 양화로
사용연령 5세 이상 어린이 제품		11길 14-10 3층

초등 영어표현

영어를 결정 하는

famous
handsome
How old are you?
I like pizza.
I go to the farm.

사람in
saram in.com

초등 영어 교과서 4종 연계표

		동아	대교	YBM(김)	천재교육(함)
Chapter 1 자기소개 하기	Unit 1		3학년 8과	3학년 11과	
	Unit 2	5학년 1과	5학년 1과	5학년 8과	5학년 1과
	Unit 3	3학년 5과	3학년 6과	3학년 4과	3학년 7과
	Unit 4	3학년 7과	3학년 10과	3학년 6과	3학년 9과
Chapter 2 가족 소개하기	Unit 1	3학년 10과 4학년 2과	4학년 2과	4학년 3과	3학년 10과 4학년 1과
	Unit 2	5학년 12과	4학년 4과	5학년 6과	4학년 8과
	Unit 3	5학년 12과		5학년 6과	
	Unit 4			4학년 3과	3학년 10과
Special Information 친구와 약속하기		4학년 7과 5학년 5과	4학년 7과 5학년 9과	4학년 4과 5학년 4과	4학년 2과
Chapter 3 장래희망 이야기하기	Unit 1	5학년 1과	5학년 4과	6학년 3과	5학년 9과
	Unit 2		5학년 11과		5학년 9과
	Unit 3		5학년 11과		5학녀 9과
	Unit 4	6학년 12과	5학년 11과	6학년 11과	5학년 11과
Chapter 4 인물 묘사하기	Unit 1	5학년 11과	5학년 8과	5학년 10과	6학년 6과
	Unit 2	5학년 11과	5학년 8과	5학년 10과	6학년 6과
	Unit 3	4학년 5과	4학년 11과	4학년 10과 5학년 11과	4학년 9과
	Unit 4			5학년 11과	
Special Information 교실영어 ①		3학년 3과	3학년 3과 4학년 9과	3학년 3과 4학년 11과	4학년 3과 4학년 4과
Chapter 5 일과 이야기하기	Unit 1	5학년 8과	5학년 5과	5학년 7과	4학년 11과
	Unit 2	4학년 12과	5학년 5과	5학년 7과	
	Unit 3	5학년 4과	6학년 9과	6학년 9과	6학년 7과
	Unit 4			5학년 14과	5학년 2과

		동아	대교	YBM(김)	천재교육(함)
Chapter 6 물건의 주인 말하고 묘사하기	Unit 1	5학년 4과	5학년 2과	5학년 3과	5학년 4과
	Unit 2	5학년 4과	5학년 2과	5학년 3과	5학년 4과
	Unit 3				5학년 4과
	Unit 4	6학년 9과	6학년 10과	6학년 6과	6학년 8과
Special Information 교실영어 ②		5학년 3과 5학년 4과	5학년 6과	4학년 9과	5학년 3과
Chapter 7 방학 계획 이야기하기	Unit 1	6학년 6과	5학년 12과	6학년 7과	5학년 6과
	Unit 2	6학년 6과	5학년 12과	6학년 7과	5학년 6과
	Unit 3	6학년 6과	5학년 12과	6학년 7과	5학년 6과
	Unit 4	5학년 6과			5학년 11과
Chapter 8 길 안내하기	Unit 1	5학년 10과	5학년 10과	6학년 5과	6학년 4과
	Unit 2	6학년 7과	6학년 8과		
	Unit 3	5학년 10과	5학년 10과	6학년 5과	6학년 4과
	Unit 4	6학년 7과		5학년 13과	6학년 4과
Special Information 지구를 살리는 습관		6학년 11과	6학년 7과	6학년 4과	6학년 11과
Chapter 9 일기 쓰기	Unit 1	3학년 12과	3학년 11과	3학년 13과	3학년 11과
	Unit 2	5학년 7과	5학년 7과	5학년 9과	5학년 7과
	Unit 3	5학년 7과	5학년 7과	5학년 9과	5학년 7과
	Unit 4	5학년 7과	5학년 7과	5학년 9과	5학년 7과
Chapter 10 방학에 있었던 일 이야기하기	Unit 1	5학년 7과		5학년 9과	5학년 7과
	Unit 2	5학년 7과		6학년 8과	
	Unit 3	5학년 7과	5학년 7과	5학년 9과	5학년 7과
	Unit 4	5학년 7과		6학년 8과	

머리말

어린아이들에게 영어 문장을 베껴 쓰게 해 보면 어떻게든 한 줄 안에 다 쓰려 애쓰는 모습을 보게 됩니다. 그래서 끝으로 갈수록 글씨가 작아지게 되지요. 한 줄을 넘겨 쓰기가 그렇게 힘이 듭니다. 사실, 우리 아이들은 비교적 '학습'이라는 개념이 생긴 후에 영어를 접하니 이런 경험은 많지 않을지 모릅니다.

하지만 우리 아이들에게도 분명 마음의 벽이 있습니다. 바로 영어한 문장 이상 말하기입니다. "How was your vacation? (방학 어땠어?)" 하고 물으면 "It was fun.(재미있었어요.)" 하고는 아이들은 마치내 할 일은 다 했다는 듯 말을 멈추지요. 그렇게 단답식 대화에 머무는 아이들이 많습니다. 영어는 틀리면 안 된다는 부담 때문이기도하고, 학교에서 배우는 영어가 단답식 대화문에만 중점을 둔 데도이유가 있습니다.

이 책의 목적은 아이들이 문제의 정답을 맞추듯 한마디 던지고 마는게 아닌, 자기의 이야기를 이어 나가도록 하는 데 있습니다. 물론 철저하게 초등 교과서의 문장과 단어를 이용해서 이야기를 구성하였습니다. 영어가 내 생각을 전달할 수 있는 도구라는 개념을 심어주고자 합니다. 이런 밑 생각을 가지고 영어를 배워 나가는 아이들은앞으로 글과 말을 실타래처럼 굵게 엮어 갈 수 있게 될 것입니다.

대상에 따른 학습 방법

학교에서 영어 학습을 시작하기 전, 예습하고 싶은 1, 2학년

유아, 유치 시기의 영어 학습이 사교육이나 홈스쿨링을 통해 이루어지다 보니 초등 1, 2학년들의 영어 실력은 참으로 천차만별입니다. 영어를 잘한다고 하는 아이들도 말만 잘하거나 파닉스를 마친 정도에 그치기도 하지요. 반면 영어에 노출이 많이 되지 않은 아이들과 부모님들은 또 막연한 불안감을 가지고 있습니다. 이럴 때 아이들이 학교에서 배우게 될 교과서에 철저히 기반을 두어 영어를 예습해 본다면, 한쪽에 치중된 영어 학습의 균형을 찾고, 교과로서의 영어를 준비하는 데 도움이 될 것입니다.

학교에서 영어를 배우지만 부족한 부분을 보충하고 싶은 3, 4학년

초등학교에서 배우는 학교 영어는 듣기와 말하기, 즉 의사소통 위주로 구성되어 있습니다. 좀 더 실용적인 영어 학습을 목표로 짜인 프로그램이지요. 그러다 보니 문장에 대한 충분한 연습이나 활용, 단어 학습 및 문법에 대한 설명은 부족한 편입니다. 하지만 우리 아이들이 중고등 과정을 거치면서 영어를 제대로 읽고 이해하고 쓰기 위해서는 기초 단계부터 탄탄하게 다지고 나갈 필요가 있습니다. 교과서에 나오는 영어 문장들을 이용해서 기본 문형과 문법을 쉽게 익힐 수 있도록 단계적으로 구성하였습니다.

학교 영어를 총정리하고 중학 영어에 대비하고 싶은 5, 6학년

초등 영어 시간은 대부분 대화와 활동 위주입니다. 반면 중학 영어는 독해와 문법, 단어까지 쏟아져 나오기 때문에 두 과정 간의 틈새가 큰 것이 사실입니다. 초등학교 영어에서 하듯이 단답형으로 묻고 대답하는 식의 대화문 학습으로는 중학 영어에 대비할 수 없습니다. 이 책은 초등 교과서의 문장들을 이용하여 말 또는 글로 자기 생각을 표현할 수 있는 아주 기초적인 훈련을 제시하고 있습니다. 여러 출판사의 교과서 속 영어 문장을 통해 필수적인 어법을 익히고, 다양한 단어를 이용해 자신만의 문장을 만들어 볼 수 있는 연습을 하게 될 것입니다.

이 책의 특징

1
철저히 교과서 기반, 한 권으로 끝내는 초등 영어 교과서 표현 박살!!

2015 교육과정(3, 4학년 2018년 시행, 5, 6학년 2019년 시행)에 맞춘 초등 4종 교과서 16권 단어와 문장을 총정리하여 책의 내용을 구성하였습니다. 동아, 대교, 천재(함), YBM(김) 등 대표적인 초등 4종 교과서 3, 4, 5, 6 학년 16권의 단어와 문장 중에서 아이들의 생각을 표현하고 일상생활을 이야기할 수 있으며, 아이들이 흥미로워하는 주제를 선정하여 새롭게 구성하였습니다.

2
단순 베껴 쓰기 또는 맨땅에 작문이 아닌 활동을 통한 문장 확장!!

시중의 회화 위주 문장 나열식 구성과 여러 권짜리 장기 학습 프로그램의 장단점을 보완하였습니다. 단순히 문장을 베껴 쓰는 활동은 당장에는 공부를 하고 있다는 위안이 될 수 있으나 그 자체만으로는 어떤 학습 목표도 이룰 수가 없습니다. 지나친 장기 프로그램으로 성취감 없이 중도 포기하거나, 무조건 주제를 주고 글을 쓰게 하는 원서 교재의 막막함도 느낄 필요가 없습니다. 이 책에서 아이들은 유닛마다 "목표 문형 + 단어 학습 + 드릴을 통한 문장 만들기 연습 + 문법 사항"의 단계를 반복하며 차근차근 문장을 구성하는 힘을 기르게 됩니다. 이를 통해, 초등 단계의 어떤 주제에도 자기 생각을 담아 말하거나 쓸 수 있게 될 것입니다.

3
주제별 문장 학습을 통해 자신의 이야기를 구성하는 훈련!!

한 챕터 안의 4개 문형은 하나의 질문에 대한 답입니다. 챕터가 끝날 때마다 대화 또는 작문 형태로 실제 문장이 어떻게 쓰일 수 있는지 아이들은 자연스러운 상황을 만나게 됩니다. 그 속에서 여러 문장이 하나의 주제에 맞게 이야기되는 것을 보고, 스스로 이야기를 구성해 보는 훈련을 하게 됩니다. 이는 이후 말하기나 쓰기 수행평가의 탄탄한 기초가 되어 줄 것입니다.

4 우리나라 초등학생들의
영어 발달에 맞춘 목차 구성

각각의 유닛은 철저하게 4종 교과서의 문장들을 재구성하여 아이들이 흥미를 느끼고 이야기할 수 있는 내용으로 구성하였습니다. 나와 가족에서 주변에 대한 것으로 점차 내용을 확장하고, 자신의 생활 이야기를 할 수 있도록 구성하였습니다. 무엇보다 우리 아이들의 문법 발달 상황에 맞추어 목차를 차례로 구성하였습니다. 예를 들어, 영어권 아이들은 말을 먼저 배우기 때문에 과거 시제를 자연스럽게 먼저 배우는 데 비해, 우리 아이들은 동사의 변화를 암기해야 하는 부담 때문에 과거 시제를 어려워하는 현실을 반영하여, will만 붙이면 되는 미래 시제를 먼저 써 보며 다양한 동사를 자연스럽게 접하도록 하고, 이 동사들이 나중에 어떻게 과거 시제의 모습으로 바뀌는지 학습하도록 하였습니다.

5 유기적인 반복과 확장을 통한
효율적 학습, 자신감 상승

아이들은 매번 새로운 문장과 단어, 문법 내용을 배우지만 앞서 배운 것들이 뒤에서 반복되면서 복습이 되고, 영어에 자신감도 붙도록 구성하였습니다. 효과적이고 유기적인 반복은 단순한 복습의 의미를 뛰어넘습니다. 영어 공부를 성공으로 이끄는 스스로 학습의 핵심은 공부의 즐거움입니다. 공부의 즐거움은 내가 공부한 내용을 다시 만나고 그것을 활용할 수 있게 되면서 생깁니다. 물론 그것은 지루한 반복이 아닌 잘 짜인 로드맵에서만 가능합니다. 앞에서 배운 현재형 동사를 뒤에서 과거형 동사로 바꾸어 보기도 하고, 방학 계획을 세우느라 배운 장소 이름을 지도 공부할 때 살짝 만나기도 합니다. 이렇게 잘 짜인 계획 속에서 꾸준히 한 권을 마치고 나면 어느 때보다 뿌듯하고 자신감에 차게 될 것입니다.

이 책의 구성

Key Sentence / Key Words

제일 처음은 Key Sentence(핵심문장)를 제시하는 것으로 시작합니다. 해당 유닛을 통해 궁극적으로 완전하게 습득하고 사용할 수 있도록 하기 위한 목표 문장입니다. 이후의 단계들을 거치며 해당 문형을 암기하고, 드릴을 통해 문장 변형을 연습하고, 이를 문법적으로이해하게 됩니다. 나중에 자기 생각을 담아 표현할 수 있도록 충분히 연습하게 될 것입니다. 문형을 나누어 놓은 것은 문장 속 주어, 동사의 개념을 접할 수 있도록 하기 위한 것입니다. 문법 지식이 충분하지 않기 때문에 철저하게 공통된 기준으로 나누기보다는 주어와 동사를 이해하고, 이어지는 문형 공부에 도움이 되도록 문장을 구분했습니다.

Listen, Read and Write / Unscramble and Copy

목표 문장을 시작으로 내용을 조금씩 바꾸어 새로운 문장들을 듣고 읽고 써 보도록 합니다. 목표 문형에 맞는 의문문이 있을 때는 맨 앞에 배치하여 대화를 통한 맥락도 이해해 보도록 하였습니다. unscramble(순서 맞추기 활동)은 문장 구성을 연습하는 가장 일반적이고 효과적인 방법입니다. 공부하는 아이들이 어려워하지 않도록 주로 3~4개의 파트로 나누어 재구성해 보도록 하였습니다.

Drill and Sentence Building

기본 문형 안에서 다양하게 단어를 바꾸어 주어진 문장을 만들도록 하였습니다. 영어에 대한 노출이 충분치 않은 EFL 환경, 즉 영어를 외국어로 배우는 환경에서 아이들의 문장 친숙도를 높이고 글밥을 늘리는 최고의 방법이 이러한 substitution drill(단어 바꾸어 문장 만들기 활동)입니다. 경험과 생각에서 나온 문장을 쓰고 이를 수정해 가는 방식은 모국어 습득 과정에서는 매우 효과적인 방법입니다. 하지만 어휘나 문형을 충분히 접해 보지 않은 EFL 환경의 아이들에게 처음부터 자기 문장을 쓰게 하면 암기한 단답형 문장을 써 버리는 경우가 많습니다. 드릴을 통해 controlled된 보호막 안에서 새로운 문장을 연습하고 이를 발전시키면 후에 자신의 문장을 쓸 수 있게 됩니다.

Language Arts

목표 문형에 등장한 문법 요소를 공부합니다. 아이들이 문법을 어려워하는 것은 생소한 용어 때문인 경우가 많습니다. 또 왜 배워야 하는지 의문을 가지기도 합니다. 우리말처럼 충분한 input을 경험할 수 있다면 굳이 문법을 배우지 않고도 말을 할 수 있겠죠. 최대한 쉬운 말로 설명을 해놓았지만, 아이들마다 이해도가 다르므로, 초등 저학년의 아이라면 가능한 한 부모님께서 함께 설명을 읽어 주시길 부탁합니다. 문법은 완벽하게 이해하기보다는 아이의 수준에서 받아들일 수 있는 만큼만 하고 넘어가는 것이 좋습니다. 시간이 지나고 같은 문법 설명을 다시 보면 깜짝 놀랄 만큼 쉽게 느껴지게 될 것입니다.

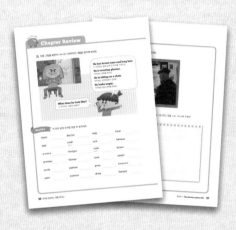

Chapter Review

각 유닛별 목표 문형 4개가 모여 하나의 이야기가 됩니다. 아이들은 자연스러운 상황과 함께 질문에 대한 대답을 여러 개의 문장으로 구성하여 이야기해 보게 됩니다. 말로 하면 자연스러운 대화가, 글로 쓰면 주제에 맞는 작문이 되는 것이죠. 해당 챕터 안의 단어들도 모두 모아 복습해 볼 수 있습니다. 마지막으로 챕터 전체의 내용을 모두 이해해야 풀 수 있는 활동 혹은 작문 활동으로 챕터를 마무리합니다.

Special Information

각 페이지에는 그림 사전의 역할을 할 수 있도록 그림과 문장을 매치하여 다양한 문장을 구성하였습니다. 본문의 문장들이 주어진 주제에 맞추어 짜여졌기 때문에 미처 다루지 못한 일상의 문장들을 카테고리별로 모았습니다. 더 폭넓은 문장을 접하는 기회가 될 것입니다.

차례

Chapter 9 일기 쓰기

Chapter 10 방학에 있었던 일 이야기하기

Chapter 1

자기
소개하기

I'm eleven years old.
나는 열한 살이야.

다음 문장을 듣고 큰 소리로 따라 읽어 보세요.

I'm	eleven years old.
나는 ~이다	열한 살

다음 단어를 듣고 큰 소리로 따라 읽은 다음 빈칸에 써 보세요.

단어를 쓸 때는 천천히 소리 내어 읽으며 쓰도록 하세요.

❶ eight 8

eight

- - - - - - - - - - - - - - - - - -

❷ nine 9

nine

- - - - - - - - - - - - - - - - - -

❸ ten 10

ten

- - - - - - - - - - - - - - - - - -

❹ eleven 11

eleven

- - - - - - - - - - - - - - - - - -

❺ twelve 12

twelve

- - - - - - - - - - - - - - - - - -

❻ thirteen 13

thirteen

- - - - - - - - - - - - - - - - - -

▶ year(s) ~살[세] | old 나이가 ~인

문장을 큰 소리로 따라 읽은 다음, 한 번은 따라 쓰기, 한 번은 스스로 쓰기 해보세요.

 How old are you?　너는 몇 살이니?

_____

 I'm eight years old.　나는 여덟 살이야.

_____

 I'm ten years old.　나는 열 살이야.

_____

I'm twelve years old.　나는 열두 살이야.

_____

Unscramble and Copy

우리말에 맞게 단어 아래에 번호를 쓴 후, 문장을 완성해 보세요.

나는 아홉 살이야.

nine	old.	I'm	years
( )	( )	(1)	( )

_____ _____ _____ _____

Unit 01 **I'm eleven years old.** **19**

상자 속 단어를 골라 문장을 완성하세요.

eight
nine
ten
eleven
twelve
thirteen

I'm _____ years old.

1 나는 열한 살이야.

I'm _____ _____ _____ _____.

2 나는 열 살이야.

_____ _____ years _____.

3 나는 열세 살이야.

_____ thirteen _____ _____.

4 나는 열두 살이야.

_____ _____ _____ _____.

I + am 을 줄여서 I'm 이라고 해요. → I'm eleven years old.

영어에서는 자주 함께 쓰는 두 단어를 줄여서 한 단어로 표현할 때가 많아요. 초등학교 교과서에 자주 등장하는 짝들을 모두 정리해 볼까요?

I am = I'm   she is = she's   he is = he's
it is = it's   they are = they're

what is = what's   how is = how's   where is = where's
let us = let's   do not = don't   cannot = can't

규칙을 찾았나요? 두 번째 단어의 첫 글자를 빼고 '로 연결하면 돼요. can't와 don't 는 예외지만요.
쉼표같이 생긴 ' 는 아포스트로피라는 긴 이름을 가졌답니다.

첫 단어+ ' + 두 번째 단어의 첫 글자   what is = what's

① 줄인 단어와 원래 단어들을 찾아 연결해 보세요.

I'm   •   • it is

what's •   • he is

he's   •   • let us

let's   •   • what is

it's   •   • I am

② 줄인 단어를 써 보세요.

she is = ____ ____ ____ '____

how is = ____ ____ ____ '____

where is = ____ ____ ____ ____ '____

do not = ____ ____ ____ '____

they are = ____ ____ ____ ____ '____ ____

I'm from Korea.
나는 한국에서 왔어.

다음 문장을 듣고 큰 소리로 따라 읽어 보세요.

I'm	from Korea.
나는 ~이다	~로부터 한국

다음 단어를 듣고 큰 소리로 따라 읽은 다음 빈칸에 써 보세요.

단어를 쓸 때는 천천히 소리 내어 읽으며 쓰도록 하세요.

❶ Korea 한국

Korea

----

❷ Canada 캐나다

Canada

----

❸ Mexico 멕시코

Mexico

----

❹ the U.S. 미국

the U.S.

----

❺ China 중국

China

----

❻ France 프랑스

France

Listen, Read and Write

문장을 큰 소리로 따라 읽은 다음, 한 번은 따라 쓰기, 한 번은 스스로 쓰기 해보세요.

 Where are you from? 너는 어디에서 왔어?

_____

 I'm from Korea. 나는 한국에서 왔어.

_____

 I'm from Canada. 나는 캐나다에서 왔어.

_____

 I'm from Mexico. 나는 멕시코에서 왔어.

_____

Unscramble and Copy

우리말에 맞게 단어 아래에 번호를 쓴 후, 문장을 완성해 보세요.

나는 미국에서 왔어.

| the U.S. | from | I'm |

(   )   (   )   (   )

_____ _____ _____

상자 속 단어를 골라 문장을 완성하세요.

I'm from

| Korea |
| Canada |
| Mexico |
| the U.S. |
| China |
| France |

1 나는 한국에서 왔어.

____I'm____ _____ _____.

2 나는 멕시코에서 왔어.

_____ __from__ _____.

3 나는 중국에서 왔어.

_____ _____ _____.

4 나는 프랑스에서 왔어.

_____ _____ _____.

나라 이름은 항상 대문자로 시작해요. → Korea

영어 문장은 항상 대문자로 시작해요. 문장 중간에 오는 단어들은 거의 모두 소문자고요. 몇몇 예외가 있는데요, 어떤 경우인지 알아볼까요?

나 = 'I'는 문장 어디에 오든 항상 대문자예요.

사람 이름 = Mike, Sujin, Emily, Chulsoo

장소 이름 = Everland(에버랜드), Lotte World(롯데월드), Seoul(서울), Jeju-do(제주도)

요일, 달 = Monday(월요일), Sunday(일요일), July(7월)

나라 이름 = Korea, China, Canada

미국은 여러 개의 주가 합쳐져서 된 나라로 the United States of America를 줄여서 the U.S.라고 해요. U와 S 다음에 마침표를 찍는 것에 주의하세요.

1 나라 이름을 고쳐서 써 보세요.

korea → _____   canada → _____

china → _____   the us → _____

france → _____   mexico → _____

2 문장 속에서 잘못된 부분을 찾아 고쳐 보세요.

a. I'm from mexico.

_____

b. I live in jeju-do.

_____

I like robots.
나는 로봇을 좋아해.

Key Sentence

다음 문장을 듣고 큰 소리로 따라 읽어 보세요.

I	like	robots.
나는	좋아하다	로봇을

Key Words

다음 단어를 듣고 큰 소리로 따라 읽은 다음 빈칸에 써 보세요.

단어를 쓸 때는 천천히 소리 내어 읽으며 쓰도록 하세요.

❶ **chicken 닭고기**

chicken
- - - - - - - - - - - -

❷ **pizza 피자**

pizza
- - - - - - - - - - - -

❸ **taekwondo 태권도**

taekwondo
- - - - - - - - - - - -

❹ **robot 로봇**

robot
- - - - - - - - - - - -

❺ **comic book 만화책**

comic book
- - - - - - - - - - - -

❻ **dog 개**

dog
- - - - - - - - - - - -

Listen, Read and Write

문장을 큰 소리로 따라 읽은 다음, 한 번은 따라 쓰기, 한 번은 스스로 쓰기 해보세요.

 What do you like?   너는 무엇을 좋아해?

_____

 I like robots.   나는 로봇을 좋아해.

_____

 I like chicken.   나는 닭고기를 좋아해.

_____

 I like pizza.   나는 피자를 좋아해.

_____

Unscramble and Copy

우리말에 맞게 단어 아래에 번호를 쓴 후, 문장을 완성해 보세요.

나는 태권도를 좋아해.

I	taekwondo.	like
( )	( )	( )

_____ _____ _____

상자 속 단어를 골라 문장을 완성하세요.

I like

chicken
pizza
taekwondo
robots
comic books
dogs

.

① 나는 태권도를 좋아해.

_____ _____ taekwondo .

② 나는 개들을 좋아해.

_____ like _____ .

③ 나는 만화책들을 좋아해.

I _____ comic _____ .

④ 나는 닭고기를 좋아해.

_____ _____ _____ .

명사는 사람이나 장소, 사물을 부르는 이름을 말해요. → robot, chicken, dog

'명사'에서 '명'은 영어로 name, 즉 이름을 말해요.

사람의 이름 　　장소의 이름 　　사물의 이름

사람(people), 장소(places), 사물(things)을 이름 지어 부르는 말이 명사인 것이죠.

예를 들어 robot(로봇)과 chicken(닭고기), book(책)은 모두 사물(things) 이므로 명사예요.

앞에서 배운 Canada, Korea 같은 나라 이름들은 장소(places)에 속하니 명사겠죠. 그렇다면 like(좋아하다)는요?

이름이 아니라 행동이나 마음에 대한 말이기 때문에 명사가 아니죠.

그렇다면 왜 명사가 무엇인지 알아야 할까요? 오늘 배운 I like robots. 같은 문장을 만들 때 like 다음에는 명사만 올 수 있기 때문이에요. 무엇이 명사인지 안다면 새로운 문장을 만들 때 훨씬 잘할 수 있겠죠?

1 다음 중에서 명사를 찾아 색칠 해보세요. 모두 6개예요.

2 다음 문장에서 명사를 찾아 동그라미 해보세요.

a. I'm from France.

b. I'm from China.

c. I like books.

d. I like chicken.

I can make robots very well.
나는 로봇을 매우 잘 만들 수 있어.

Key Sentence

다음 문장을 듣고 큰 소리로 따라 읽어 보세요.

I	can make	robots	very well.
나는	만들 수 있다	로봇을	매우 잘

Key Words

다음 단어를 듣고 큰 소리로 따라 읽은 다음 빈칸에 써 보세요.

단어를 쓸 때는 천천히 소리 내어 읽으며 쓰도록 하세요.

① make 만들다

make

----

② dance 춤추다

dance

----

③ swim 수영하다

swim

----

④ run 달리다

run

----

⑤ play (악기를)연주하다

play

----

⑥ do 하다

do

▶ can ~할 수 있다 ǀ very 매우 ǀ well 잘

문장을 큰 소리로 따라 읽은 다음, 한 번은 따라 쓰기, 한 번은 스스로 쓰기 해보세요.

 What can you do?   너는 무엇을 할 수 있니?

_____

 I can make robots very well.   나는 로봇을 매우 잘 만들 수 있어.

_____

 I can dance very well.   나는 춤을 매우 잘 출 수 있어.

_____

 I can swim very well.   나는 수영을 아주 잘할 수 있어.

_____

우리말에 맞게 단어 아래에 번호를 쓴 후, 문장을 완성해 보세요.

나는 아주 잘 달릴 수 있어.

run	I	can	very well.
( )	(1)	( )	( )

_____ _____ _____ _____

상자 속 단어를 골라 문장을 완성하세요.

I can

make robots
dance
swim
run
play the piano
do taekwondo

very well.

① 나는 로봇을 매우 잘 만들 수 있어.

<u>I</u>　<u>can</u>　_____　_____　<u>very</u>　<u>well</u>　.

② 나는 수영을 매우 잘할 수 있어.

_____　_____　<u>swim</u>　<u>very</u>　<u>well</u>　.

③ 나는 피아노를 매우 잘 칠 수 있어.

_____　_____　_____　<u>the</u>　<u>piano</u>　<u>very</u>　<u>well</u>　.

④ 나는 태권도를 매우 잘할 수 있어.

_____　_____　_____　_____　_____　_____　.

can은 '~을 할 수 있다'는 능력을 말해줘요. → **I can make robots.**

can 은 어떤 일을 할 수 있다는 뜻이에요. 능력이 있는지 없는지 말해 주는 것이죠.

I make pizza.　나는 피자를 만들어.
I can make pizza.　나는 피자를 만들 수 있어.

우리 친구들이 할 수 있는 것이 또 무엇이 있을까요?

I can skate. 나는 스케이트를 탈 수 있어.

I can ski. 나는 스키를 탈 수 있어.

I can speak English. 나는 영어를 말할 수 있어.

1 다음 문장에 can을 넣어 '~을 할 수 있다'는 뜻으로 바꾸어 보세요.

a. I run.

→ _____ _____ _____.

b. I swim.

→ _____ _____ _____.

c. I make robots.

→ _____ _____ _____ _____.

d. I make pizza.

→ _____ _____ _____ _____.

Chapter Review

A 다음 그림을 보면서 Unit 01~04까지의 내용을 정리해 보세요.

Hi, my name is Joon.
안녕, 내 이름은 준이야.

I'm 11 years old.
난 열한 살이야.

I'm from Korea.
난 한국에서 왔어.

I like robots.
난 로봇을 좋아해.

I can make robots very well.
난 로봇을 매우 잘 만들 수 있어.

Word Box 각 단어 옆에 우리말 뜻을 써 넣으세요.

eight	Korea	chicken	make
nine	Canada	pizza	dance
ten	Mexico	taekwondo	swim
eleven	the U.S.	robot	run
twelve	China	comic book	play
thirteen	France	dog	do

B 우리말 문장을 여러분이 직접 써 보세요.

안녕, 내 이름은 Yuri 야. 나는 12살이야. 나는 미국에서 왔어.

나는 피자를 좋아해. 나는 피자를 매우 잘 만들 수 있어.

Hi, my name is Yuri.

Chapter 2

가족
소개하기

This is my uncle.
이 분은 내 삼촌이야.

Key Sentence

다음 문장을 듣고 큰 소리로 따라 읽어 보세요.

This	is	my uncle.
이 분은	~이다	내 삼촌

Key Words

다음 단어를 듣고 큰 소리로 따라 읽은 다음 빈칸에 써 보세요.

단어를 쓸 때는 천천히 소리 내어 읽으며 쓰도록 하세요.

❶ mom 엄마

mom

- - - - - - - - - - - - - - - -

❷ dad 아빠

dad

- - - - - - - - - - - - - - - -

❸ grandma 할머니

grandma

- - - - - - - - - - - - - - - -

❹ grandpa 할아버지

grandpa

- - - - - - - - - - - - - - - -

❺ uncle 삼촌, 외삼촌, 고모부, 이모부

uncle

- - - - - - - - - - - - - - - -

❻ aunt 이모, 고모, (외)숙모

aunt

- - - - - - - - - - - - - - - -

Listen, Read and Write

문장을 큰 소리로 따라 읽은 다음, 한 번은 따라 쓰기, 한 번은 스스로 쓰기 해보세요.

 Who is he?   이 분은 누구야?

_____

 This is my uncle.   이 분은 내 삼촌이야.

_____

 This is my grandpa.   이 분은 내 할아버지야.

_____

 This is my dad.   이 분은 내 아빠야.

_____

Unscramble and Copy

우리말에 맞게 단어 아래에 번호를 쓴 후, 문장을 완성해 보세요.

이 분은 내 할머니야.

| This | my | is | grandma. |

(1)　(　)　(　)　(　)

_____ _____ _____ _____

상자 속 단어를 골라 문장을 완성하세요.

This is my

> mom
> dad
> grandma
> grandpa
> uncle
> aunt

.

1 이 분은 내 삼촌이야.

_____This_____ _____ _____ _____ .

2 이 분은 내 엄마야.

_____ _____is_____ _____ _____ .

3 이 분은 내 할머니야.

_____ _____ _____my_____ _____ .

4 이 분은 내 이모야.

_____ _____ _____ _____ .

this 는 이것, 이 사람을 말해요.

this 는 '이것, 이 분' 또는 '이'라는 뜻도 있어요.

This is a book. 이것은 책이다. (가까이 있는 것을 가리키는 this)
This book is mine. 이 책은 내 것이다. (책을 꾸미는 this)
This is my dad. 이 분은 내 아빠야. (사람을 소개하는 this)

this와 함께 알아 두면 좋은 단어는 that이예요. That은 '저것, 저 분' 또는 '저'라는 뜻이죠.
this는 가까이 있는 물건이나 사람을 가리킬 때, that은 멀리 떨어진 물건이나 사람을 가리킬 때 쓰여요.

this   that

1 다음 그림을 보고 this와 that 중 알맞은 단어를 넣어 문장을 완성하세요.

a. ＿＿＿＿＿ is my dog. b. ＿＿＿＿＿ is my dog.

2 우리말 뜻에 맞게 알맞은 단어를 골라 동그라미 하세요.

a. 이 분은 내 선생님이야. (This / That) is my teacher.

b. 저것은 내 로봇이야. (This / That) is my robot.

c. 이 가방은 내 것이다. (This / That) bag is mine.

He is a doctor.
그는 의사야.

Key Sentence

다음 문장을 듣고 큰 소리로 따라 읽어 보세요.

He	**is**	**a doctor.**
그는	~이다	의사

Key Words

다음 단어를 듣고 큰 소리로 따라 읽은 다음 빈칸에 써 보세요.

단어를 쓸 때는 천천히 소리 내어 읽으며 쓰도록 하세요.

① **doctor** 의사

doctor

----

② **cook** 요리사

cook

----

③ **firefighter**
소방관

firefighter

----

④ **farmer** 농부

farmer

----

⑤ **painter** 화가

painter

----

⑥ **scientist**
과학자

scientist

문장을 큰 소리로 따라 읽은 다음, 한 번은 따라 쓰기, 한 번은 스스로 쓰기 해보세요.

 What does he do?   그는 무슨 일을 해?

_____

 He is a doctor.   그는 의사야.

_____

 He is a cook.   그는 요리사야.

_____

 He is a firefighter.   그는 소방관이야.

_____

Unscramble and Copy

우리말에 맞게 단어 아래에 번호를 쓴 후, 문장을 완성해 보세요.

그녀는 농부야.

She	a farmer.	is
( )	( )	( )

_____ _____ _____

상자 속 단어를 골라 문장을 완성하세요.

| He
She | is | a doctor
a cook
a firefighter
a farmer
a painter
a scientist | . |

1 그는 의사야.

_____He_____ _____ _____a_____ _____doctor_____ .

2 그녀는 소방관이야.

_____ _____is_____ _____ _____ .

3 그는 농부야.

_____ _____ _____a_____ _____ .

4 그녀는 과학자야.

_____ _____ _____ _____ .

he는 그(남자), she는 그녀(여자)를 말해요. → he/she

사람들에겐 모두 이름이 있지만, 이름을 모르거나 이름을 반복해서 쓰게 될 때는, 이름을 대신해서 다른 표현을 쓰기도 해요. 대신 부르는 이름이라서 '대명사'라고 하지요.

나(I), 너(you), 그(he), 그녀(she), it(그것) 모두 대명사예요.

나와 너는 괜찮은데 그와 그녀는 우리말에서 잘 쓰지 않는 표현이라 해석을 할 때 조금 이상하게 느껴질 수 있어요. 그분이나 그 사람처럼 자연스럽게 말해야 하지만 영어 교재에서는 뜻을 정확하게 전달하기 위해 보통 그/그녀라는 표현을 그대로 쓰지요. 우리가 엄마를 '그녀'라고 표현하지는 않지만 학습을 위해 이해해 주기 바라요.

I(나)	we(우리)
you(너)	you(너희들)
he(그) / she(그녀) / it(그것)	they(그들)

1 다음 사람들을 he 또는 she 중 맞는 표현으로 써 보세요.

my mom → _____   my dad → _____

my aunt → _____   my uncle → _____

my grandpa → _____   my grandma → _____

2 문장의 밑줄 친 부분을 대신 할 말을 골라 다시 써 보세요.

a. <u>Jane</u> is a cook.

(He / She) → _____

b. <u>Chulsoo</u> is a painter.

(He / She) → _____

He helps sick people.
그는 아픈 사람들을 도와.

다음 문장을 듣고 큰 소리로 따라 읽어 보세요.

He	helps	sick people.
그는	돕는다	아픈 사람들을

다음 단어를 듣고 큰 소리로 따라 읽은 다음 빈칸에 써 보세요.

단어를 쓸 때는 천천히 소리 내어 읽으며 쓰도록 하세요.

❶ help 돕다

help
- - - - - - - - - - - - - - - -

❷ sick 아픈

sick
- - - - - - - - - - - - - - - -

❸ cook 요리하다

cook
- - - - - - - - - - - - - - - -

❹ save 구하다

save
- - - - - - - - - - - - - - - -

❺ grow 기르다

grow
- - - - - - - - - - - - - - - -

❻ draw 그리다

draw
- - - - - - - - - - - - - - - -

▶ food 음식 | fire 불, 화재 | many 많은 | plant 식물 | great 멋진 | picture 그림, 사진

Listen, Read and Write

문장을 큰 소리로 따라 읽은 다음, 한 번은 따라 쓰기, 한 번은 스스로 쓰기 해보세요.

 # What does he do?   그는 무슨 일을 해?

_____

 # He helps sick people.   그는 아픈 사람들을 도와.

_____

 # He cooks food very well.   그는 음식을 매우 잘 요리해.

_____

 # He saves people from fire.   그는 화재로부터 사람들을 구해.

_____

Unscramble and Copy

우리말에 맞게 단어 아래에 번호를 쓴 후, 문장을 완성해 보세요.

그녀는 식물을 많이 길러.

| grows | She | many | plants. |

(   ) (1   ) (   ) (   )

_____ _____ _____ _____

상자 속 단어를 골라 문장을 완성하세요.

He She	helps cooks saves grows draws makes	sick people food very well people from fire many plants great pictures robots	

1 그는 식물을 많이 길러.

_____ ___grows___ _____ ___plants___ .

2 그는 음식을 매우 잘 요리해.

_____ _____ _____ ___very___ ___well___ .

3 그녀는 멋진 그림을 그려.

_____ _____ ___great___ _____ .

4 그녀는 로봇을 만들어.

_____ _____ _____ .

문장의 주인에 따라 단어 모양이 바뀌어요. → help / helps

I help / he helps

영어 문장에는 동작이나 상태를 나타내는 단어가 하나씩 나와요. '움직인다'는 의미로 '동사'라고 불러요. I make robots. 에서 어떤 단어가 동사일까요? make가 '만들다'는 뜻이니 이 문장의 동사랍니다. 동사를 잘 찾아야 나중에 영어 시험에서 100점을 맞을 수 있어요.

이 동사들은 동작을 하는 문장의 주인이 나(I) 이거나 너(you)일 때는 자기 모습 그대로이지만, 그 외의 다른 한 사람으로 바뀌면 모습을 바꾼답니다.

	make			makes
I You We They	make robots.		He She Jane My uncle	makes robots.

대부분 끝에 s가 붙지만 문장의 주인이 여러 명(we, you, they, Sam and Jane 등)일 때는 동사의 모양이 변하지 않아요.

1 문장의 주인을 보고 동사를 맞게 써 보세요.

I / You	He / She / Jane / Sam / My dad
grow	
	saves
help	

2 동사의 모양을 보고 괄호 속에서 알맞은 단어를 골라 동그라미 하세요.

a. (I / He) cooks food.

b. (You / Sam) draw pictures.

She is very kind.
그녀는 매우 친절해.

다음 문장을 듣고 큰 소리로 따라 읽어 보세요.

She	**is**	**very**	**kind.**
그녀는	~이다	매우	친절한

다음 단어를 듣고 큰 소리로 따라 읽은 다음 빈칸에 써 보세요.
단어를 쓸 때는 천천히 소리 내어 읽으며 쓰도록 하세요.

❶ kind 친절한

kind

----

❷ famous
유명한

famous

----

❸ brave 용감한

brave

----

❹ shy
수줍어하는

shy

----

❺ handsome
잘생긴

handsome

----

❻ honest
정직한

honest

Listen, Read and Write

문장을 큰 소리로 따라 읽은 다음, 한 번은 따라 쓰기, 한 번은 스스로 쓰기 해보세요.

 She is very kind. 그녀는 매우 친절해.

_____

 She is very famous. 그녀는 매우 유명해.

_____

 She is very brave. 그녀는 매우 용감해.

_____

 She is very honest. 그녀는 매우 정직해.

_____

Unscramble and Copy

우리말에 맞게 단어 아래에 번호를 쓴 후, 문장을 완성해 보세요.

그는 매우 잘생겼어.

very	is	handsome.	He
( )	( )	( )	(1)

_____ _____ _____ _____

상자 속 단어를 골라 문장을 완성하세요.

He
She

is very

kind
famous
brave
shy
handsome
honest

.

① 그는 매우 친절해.

    He   _____ _____ _____ .

② 그녀는 매우 용감해.

_____ _____   very   _____ .

③ 그는 매우 수줍음이 많아.

_____   is   _____ _____ .

④ 그녀는 매우 정직해.

_____ _____ _____ _____ .

동사 am, is, are에 대해 알아보아요.

am, is, are는 '~다', '~이다'처럼 동작보다는 상태를 나타내는 동사예요. 앞에서 문장의 주인에 따라 동사 뒤에 s가 붙어 모양을 바꾸는 것에 대해 공부했지요? 이번에는 짝꿍이 바뀌는 것에 대해 공부할 거예요.

I	am	I am smart.
He/She Sam Jane	is	He is smart.
You/They Sam and Jane	are	You are smart.

I는 항상 am과, you와 we, they, 그리고 여러 개 혹은 여러 명은 are와 이 외에 혼자인 것 또는 사람은 is와 짝을 이룬답니다.

1 다음 문장의 빈칸에 알맞은 말을 골라 써 보세요.

a. You _____ very kind.
    (am / are / is)

b. He _____ very smart.
    (am / are / is)

c. I _____ very brave.
    (am / are / is)

2 is 또는 are를 넣어 다음 문장을 완성하세요.

a. She _____ very famous.

b. They _____ very honest.

c. John _____ very handsome.

Chapter Review

A 다음 그림을 보면서 Unit 01~04까지의 내용을 정리해 보세요.

Who is he?
이 분은 누구야?

This is my uncle.
이 분은 내 삼촌이야.

He is a doctor.
그는 의사야.

He helps sick people.
그는 아픈 사람들을 도와.

He is very kind.
그는 매우 친절해.

Word Box   각 단어 옆에 우리말 뜻을 써 넣으세요.

mom	doctor	help	kind
dad	cook (명사)	sick	famous
grandma	firefighter	cook (동사)	brave
grandpa	farmer	save	shy
uncle	painter	grow	handsome
aunt	scientist	draw	honest

B 그림을 보고 우리말 문장을 영어로 써 보세요.

이 분은 내 아빠야. 그는 화가야. 그는 멋진 그림을 그려. 그는 매우 유명해.

This is my dad.

친구와 약속하기

017

'Let's'는 'Let us'의 줄임 말로 '~하자'는 뜻으로 이야기 할 때 쓰입니다.
우리 친구들이 놀기로 약속을 하거나 방과후 계획을 세울 때 쓰면 좋겠죠?
주말이나 방학 계획을 세울 때도 사용해 보세요.

Let's play soccer together.
우리 같이 축구하자.

Sounds great!
좋아!

Let's play badminton.
같이 배드민턴 치자.

Let's play baseball.
같이 야구 하자.

Let's play basketball.
같이 농구 하자.

Let's play dodgeball.
같이 피구 하자.

Let's ride bikes.
같이 자전거 타자.

Let's go on a picnic.
같이 소풍 가자.

Let's go swimming.
같이 수영하러 가자.

Let's go skating.
같이 스케이트 타러 가자.

Let's go camping.
같이 캠핑 가자.

Let's go hiking.
같이 등산 가자.

Let's go fishing.
같이 낚시 가자.

Let's go shopping.
같이 쇼핑 가자.

장래희망 이야기하기

My favorite subject is Korean.
내가 좋아하는 과목은 국어야.

Key Sentence

다음 문장을 듣고 큰 소리로 따라 읽어 보세요.

My favorite subject	**is**	**Korean.**
내가 좋아하는 과목은	~이다	국어

Key Words

다음 단어를 듣고 큰 소리로 따라 읽은 다음 빈칸에 써 보세요.
단어를 쓸 때는 천천히 소리 내어 읽으며 쓰도록 하세요.

① Korean 국어

Korean
----

② English 영어

English
----

③ art 미술

art
----

④ P.E. 체육

P.E.
----

⑤ music 음악

music
----

⑥ science 과학

science

▶ my 나의 | your 너의, 너희의 | his 그의 | her 그녀의

60 초등 영어를 결정하는 영어표현

문장을 큰 소리로 따라 읽은 다음, 한 번은 따라 쓰기, 한 번은 스스로 쓰기 해보세요.

 # What is your favorite subject? 네가 좋아하는 과목은 뭐야?

_____

 # My favorite subject is Korean. 내가 좋아하는 과목은 국어야.

_____

 # My favorite subject is English. 내가 좋아하는 과목은 영어야.

_____

My favorite subject is art. 내가 좋아하는 과목은 미술이야.

_____

우리말에 맞게 단어 아래에 번호를 쓴 후, 문장을 완성해 보세요.

내가 좋아하는 과목은 체육이야.

My favorite subject	P.E.	is
( )	( )	( )

_____   _____   _____

상자 속 단어를 골라 문장을 완성하세요.

| My
Your
His
Her | favorite subject is | art
science
English
Korean
music
P.E. | . |

1 내가 좋아하는 과목은 국어야.

_____My_____ _____ _____ ____is____ ___Korean___ .

2 그 남자애가 좋아하는 과목은 영어야.

_____ _____ ___subject___ _____ _____ .

3 네가 좋아하는 과목은 음악이야.

_____ ___favorite___ _____ _____ _____ .

4 그 여자애가 좋아하는 과목은 체육이야.

_____ _____ _____ _____ _____ .

my는 '나의' your는 '너의'를 말해요.

나의	my
너의	your
그의 (그 남자의)	his
그녀의 (그 여자의)	her
우리의	our
너희의	your
그들의	their
그것의	its

우리말 뜻에 맞게 빈칸을 채우세요.

나의 방   my room

너의 방 _____ room

너희의 방 _____ room

우리의 방 _____ room

그들의 방 _____ room

그것의 방 _____ room

my favorite subject 하면 "나의 좋아하는 과목"이 되지만 자연스러운 우리말 표현을 위해 "내가좋아하는 과목"이라고 해석해요.

1 우리말 뜻에 맞게 빈칸에 들어갈 말을 골라 써 보세요.

a. This is _____ mom. 이 분은 나의 엄마야.
(my / your / his)

b. This is _____ book. 이것은 그녀의 책이야.
(my / your / her)

c. That is _____ uncle. 저 분은 그의 삼촌이야.
(my / his / your)

d. This is _____ food. 이것은 너의 음식이야.
(my / her / your)

e. That is _____ picture. 저것은 그들의 사진이다.
(my / its / their)

I like to read books.
나는 책 읽는 것을 좋아해.

다음 문장을 듣고 큰 소리로 따라 읽어 보세요.

I	like	to read books.
나는	~을 좋아한다	책 읽는 것

다음 단어를 듣고 큰 소리로 따라 읽은 다음 빈칸에 써 보세요.
단어를 쓸 때는 천천히 소리 내어 읽으며 쓰도록 하세요.

❶ read 읽다

read

----

❷ speak 말하다

speak

----

❸ draw 그리다

draw

**❹ play
경기하다, 연주하다**

play

----

❺ soccer 축구

soccer

**❻ care for
~을 돌보다**

care for

▶ guitar 기타

문장을 큰 소리로 따라 읽은 다음, 한 번은 따라 쓰기, 한 번은 스스로 쓰기 해보세요.

 I like to read books.　나는 책 읽는 것을 좋아해.

_____

 I like to speak English.　나는 영어로 말하는 것을 좋아해.

_____

 I like to draw pictures.　나는 그림 그리는 것을 좋아해.

_____

 I like to play soccer.　나는 축구 하는 것을 좋아해.

_____

우리말에 맞게 단어 아래에 번호를 쓴 후, 문장을 완성해 보세요.

나는 기타 치는 것을 좋아해.

like to	I	the guitar.	play
( )	(1)	( )	( )

_____　_____　_____　_____

상자 속 단어를 골라 문장을 완성하세요.

I like to

read	books
speak	pictures
draw	English
play	soccer
care for	dogs
	the guitar

악기 이름 앞에는 'the'가 붙어요.

1 나는 책 읽는 것을 좋아해.

_____ __like__ __to__ _____ _____ .

2 나는 축구 하는 것을 좋아해.

_____ __like__ _____ _____ __soccer__ .

3 나는 개 돌보는 것을 좋아해.

_____ _____ __to__ _____ __for__ _____ .

4 나는 그림 그리는 것을 좋아해.

_____ _____ _____ _____ _____ .

a book은 책 한 권, books는 두 권 이상을 말해요.

book이나 dog와 같은 명사에는 s를 붙여서 한 개 보다 더 많은 수를 말해요.

a dog

dogs

s, sh, ch, x, 자음 + o로 끝나는 단어에는 es를 붙여서 한 개 보다 많은 수를 말해요.

a bus

buses

① 다음 그림에 맞게 단어를 써 보세요.

book

_____

tomato

_____

dish

_____

fox

_____

I like to write stories.
나는 이야기 쓰는 것을 좋아해.

Key Sentence

다음 문장을 듣고 큰 소리로 따라 읽어 보세요.

I	like	to write stories.
나는	~을 좋아한다	이야기 쓰는 것

Key Words

다음 단어를 듣고 큰 소리로 따라 읽은 다음 빈칸에 써 보세요.
단어를 쓸 때는 천천히 소리 내어 읽으며 쓰도록 하세요.

❶ **write 쓰다**

write
----

❷ **story 이야기, 글**

story
----

❸ **take 찍다**

take
----

❹ **sport 스포츠, 운동 경기**
sport
----

❺ **sing 노래하다**

sing
----

❻ **look at ~을 보다**

look at

▶ listen to ~을 듣다 | bug 벌레 | flower 꽃

Listen, Read and Write

문장을 큰 소리로 따라 읽은 다음, 한 번은 따라 쓰기, 한 번은 스스로 쓰기 해보세요.

 I like to write stories. 나는 이야기 쓰는 것을 좋아해.

_____

 I like to take pictures. 나는 사진 찍는 것을 좋아해.

_____

 I like to play sports. 나는 운동하는 것을 좋아해.

_____

 I like to sing and dance. 나는 노래하고 춤추는 것을 좋아해.

_____

Unscramble and Copy

우리말에 맞게 단어 아래에 번호를 쓴 후, 문장을 완성해 보세요.

나는 음악 듣는 것을 좋아해.

| like to | I | listen to | music. |

(   )　(1   )　(   )　(   )

_____ _____ _____ _____

상자 속 단어를 골라 문장을 완성하세요.

I like to

write
listen to
take
play
sing and dance
look at

stories
music
pictures
sports
bugs and flowers

.

❶ 나는 이야기 쓰는 걸 좋아해.

_____ like to _____ _____ .

❷ 나는 노래하고 춤추는 것을 좋아해.

_____ _____ _____ _____ and _____ .

❸ 나는 벌레랑 꽃 보는 것을 좋아해.

_____ _____ _____ look at _____ and _____ .

❹ 나는 운동하는 것을 좋아해.

_____ _____ _____ _____ _____ .

a story는 이야기 하나, stories는 이야기 두 개 이상을 말해요.

story처럼 y로 끝나는 단어들은 y를 i로 바꾸고 es를 붙여 한 개 보다 더 많은 수를 말하기도 해요.

a baby

babies

물론 예외도 있어요. 어떤 단어들은 완전히 다른 모습으로 바뀌어 많은 수를 말하기도 해요.

a foot   feet

a child

children

1 다음 그림에 맞게 단어를 써 보세요.

baby

_____

city

_____

foot

_____

child

_____

I want to be a writer.
나는 작가가 되고 싶어.

Key Sentence

다음 문장을 듣고 큰 소리로 따라 읽어 보세요.

I	want to be	a writer.
나는	~이(가) 되고 싶다	작가

Key Words

다음 단어를 듣고 큰 소리로 따라 읽은 다음 빈칸에 써 보세요.
단어를 쓸 때는 천천히 소리 내어 읽으며 쓰도록 하세요.

❶ writer 작가

writer
- - - - - - - - - - - - - - - - -

❷ teacher 선생님

teacher
- - - - - - - - - - - - - - - - -

❸ fashion designer 패션 디자이너

fashion designer
- - - - - - - - - - - - - - - - -

❹ soccer player 축구 선수

soccer player
- - - - - - - - - - - - - - - - -

❺ singer 가수

singer
- - - - - - - - - - - - - - - - -

❻ animal doctor 수의사

animal doctor
- - - - - - - - - - - - - - - - -

Listen, Read and Write

문장을 큰 소리로 따라 읽은 다음, 한 번은 따라 쓰기, 한 번은 스스로 쓰기 해보세요.

 What do you want to be?   너는 무엇이 되고 싶니?

_____

 I want to be a writer.   나는 작가가 되고 싶어.

_____

 I want to be an English teacher.   나는 영어 선생님이 되고 싶어.

_____

 I want to be a soccer player.   나는 축구 선수가 되고 싶어.

_____

Unscramble and Copy

우리말에 맞게 단어 아래에 번호를 쓴 후, 문장을 완성해 보세요.

나는 가수가 되고 싶어.

want to be	a singer.	I
( )	( )	( )

_____ _____ _____

상자 속 단어를 골라 문장을 완성하세요.

a writer
an English teacher
a fashion designer
a soccer player
a singer
an animal doctor

I want to be

1. 나는 작가가 되고 싶어.

   _____ want _____ _____ a _____ .

2. 나는 패션 디자이너가 되고 싶어.

   _____ want to be _____ _____ _____ .

3. 나는 수의사가 되고 싶어.

   _____ want _____ _____ an _____ _____ .

4. 나는 가수가 되고 싶어.

   _____ _____ _____ _____ _____ _____ .

a와 an에 대해 알아보아요.

a는 원래 '하나'라는 뜻이에요. 명사 앞에 와서 '하나'라는 뜻으로 쓰이기도 하고, 일반적인 사물을 이야기할 때 쓰여요.

I like **a dog**.   "나는 개가 좋아."   일반적으로 개들을 좋아한다는 뜻

I like **the dog**.   "나는 그 개가 좋아."   어떤 특정한 개를 좋아한다는 뜻

a는 대부분의 셀 수 있는 명사 앞에 올 수 있지만, 모음(a, e, i, o, u)으로 시작하는 단어 앞에는 발음을 편하게 하기 위해 an이 쓰인답니다. 이때 모음이란 철자가 아니라 소리 기준이에요.

> an English teacher 영어 선생님   an animal doctor 수의사
> an apple 사과   an orange 오렌지

1 다음 괄호 안에 알맞은 단어를 골라 동그라미 하세요.

a. (a / an) English teacher

b. (a / an) singer

c. (a / an) apple

d. (a / an) writer

2 다음 문장에서 틀린 곳을 찾아 밑줄을 긋고 고쳐 써 보세요.

a. I want to be a English teacher.

b. I want to be a animal doctor.

c. I want to be an soccer player.

Chapter Review

A 다음 그림을 보면서 Unit 01~04까지의 내용을 정리해 보세요.

What do you want to be?
너는 무엇이 되고 싶어?

My favorite subject is Korean.
내가 좋아하는 과목은 국어야.
I like to read books.
나는 책 읽는 것을 좋아해.
I like to write stories.
나는 이야기 쓰는 것을 좋아해.
I want to be a writer.
나는 작가가 되고 싶어.

Word Box 각 단어 옆에 우리말 뜻을 써 넣으세요.

Korean	read	write	writer
English	speak	story	teacher
art	draw	take	fashion designer
P.E.	play	sport	soccer player
music	soccer	sing	singer
science	care for	look at	animal doctor

B 이야기를 듣고 누구의 장래희망인지 맞춰 보세요.

My favorite subject is P.E.
I like to play sports.
I like to play soccer.

I want to be a
soccer player.

I want to be a
designer.

I want to be an
animal doctor.

Soojin

Mike

Julia

C 이야기를 듣고 장래희망이 무엇인지 빈칸에 써 보세요.

My favorite subject is music.

I like to listen to music.

I like to sing and dance.

I want to be a _____.

Chapter 4

인물
묘사하기

Unit 01

He has blue eyes and short hair.
그 애는 파란 눈과 짧은 머리를 가졌어.

Key Sentence

다음 문장을 듣고 큰 소리로 따라 읽어 보세요.

He	has	blue eyes and short hair.
그는	가지고 있다	파란 눈과 짧은 머리를

Key Words

다음 단어를 듣고 큰 소리로 따라 읽은 다음 빈칸에 써 보세요.

단어를 쓸 때는 천천히 소리 내어 읽으며 쓰도록 하세요.

❶ blue 파란

blue
- - - - - - - - - - - - - - - - - -

❷ brown 갈색의

brown
- - - - - - - - - - - - - - - - - -

❸ short 짧은

short
- - - - - - - - - - - - - - - - - -

❹ long 긴

long
- - - - - - - - - - - - - - - - - -

❺ curly
곱슬곱슬한

curly
- - - - - - - - - - - - - - - - - -

❻ straight 곧은

straight
- - - - - - - - - - - - - - - - - -

▶ eye 눈 ∣ and ~와/과 ∣ hair 머리카락 ∣ black 검은

80 초등 영어를 결정하는 영어표현

문장을 큰 소리로 따라 읽은 다음, 한 번은 따라 쓰기, 한 번은 스스로 쓰기 해보세요.

 What does he look like? 그는 어떻게 생겼어?

_____

 He has blue eyes. 그는 파란 눈을 가졌어.

_____

 He has short hair. 그는 짧은 머리를 가졌어.

_____

 He has long straight hair. 그는 길고 곧은 머리를 가졌어.

_____

우리말에 맞게 단어 아래에 번호를 쓴 후, 문장을 완성해 보세요.

그는 갈색 머리를 가졌어.

| He | brown hair. | has |

(   )   (   )   (   )

_____ _____ _____

상자 속 단어를 골라 문장을 완성하세요.

| He
She | **has** | blue
brown
short
long
straight
curly | eyes
hair | . |

1 그는 짧은 갈색 머리를 가졌어.

_____ _____ short _____ hair .

2 그녀는 갈색 눈과 긴 머리를 가졌어.

_____ _____ _____ eyes and _____ _____ .

3 그는 파란 눈과 짧은 머리를 가졌어.

_____ has _____ _____ _____ hair .

4 그녀는 길고 곧은 머리를 가졌어.

_____ _____ _____ _____ _____ .

blue나 short같이 명사를 꾸미는 말은 형용사라고 해요.

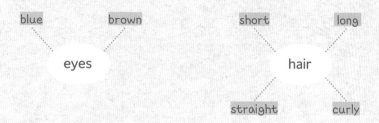

동그라미 안에 있는 단어는 명사예요. people(사람), places(장소), things(사물)에 해당되면 명사라고 한 것 기억하죠? 주변의 단어들은 바로 이 명사 eyes와 hair를 꾸며주는 단어예요. 꾸며준다고 해서 '형용사'라고 부르죠. 형용사가 있어야 자세한 내용 설명이 가능해진답니다.

형용사가 하나만 있을 때: **short hair**(짧은 머리), **black hair**(검은머리)

형용사가 두 개 있을 때: **short curly hair**(짧은 곱슬머리), **long brown hair**(긴 갈색 머리)

1 다음 그림을 보고 상자에서 알맞은 형용사를 찾아 써 보세요.

short   long   straight   curly

1. ⓐ _____ _____ hair   ⓑ _____ _____ hair

brown   long   black   short

2. ⓐ _____ _____ hair   ⓑ _____ _____ hair

She is wearing glasses.
그녀는 안경을 쓰고 있어.

다음 문장을 듣고 큰 소리로 따라 읽어 보세요.

She	is wearing	glasses.
그녀는	~을 입고(쓰고) 있다	안경을

다음 단어를 듣고 큰 소리로 따라 읽은 다음 빈칸에 써 보세요.

단어를 쓸 때는 천천히 소리 내어 읽으며 쓰도록 하세요.

① wear 입고 있다

wear

----

② glasses 안경

glasses

----

③ hat 모자

hat

----

④ skirt 치마

skirt

----

⑤ shirt 셔츠

shirt

----

⑥ pants 바지

pants

▶ T-shirt 티셔츠 │ nice 멋진 │ red 빨간 │ yellow 노란

Listen, Read and Write

문장을 큰 소리로 따라 읽은 다음, 한 번은 따라 쓰기, 한 번은 스스로 쓰기 해보세요.

 She is wearing glasses. 그녀는 안경을 쓰고 있어.

_____

 He is wearing a blue T-shirt. 그는 파란 티셔츠를 입고 있어.

_____

 She is wearing a nice hat. 그녀는 멋진 모자를 쓰고 있어.

_____

 He is wearing yellow pants. 그는 노란 바지를 입고 있어.

_____

Unscramble and Copy

우리말에 맞게 단어 아래에 번호를 쓴 후, 문장을 완성해 보세요.

그녀는 빨간 치마를 입고 있어.

a red skirt.	is wearing	She
( )	( )	( )

_____ _____ _____

상자 속 단어를 골라 문장을 완성하세요.

| He
She | is wearing | glasses
yellow pants
a blue T-shirt
a red skirt
a nice hat
a brown shirt | . |

안경과 바지는 항상
glasses, pants라고 써요.

1 그녀는 노란 바지를 입고 있어.

_____ ____is___ _____ _____ __pants__ .

2 그는 멋진 모자를 쓰고 있어.

_____ _____ _____ _a_ _nice_ _hat_ .

3 그녀는 빨간 치마를 입고 있어.

_____ _____ _____ _a_ _red_ _____ .

4 그는 안경을 쓰고 있어.

_____ _____ _____ _____ .

문장이란 무엇일까요?

'문장'이라는 말은 많이 하지만 실제로 무엇이 '문장'인지는 배워본 적 없을 거예요. 다음 표를 자세히 보세요.

문장 (Sentence)	문장이 아닌 것 (Not a sentence)
This is my uncle. 이 분은 내 삼촌이야 He is kind. 그는 친절해. I like robots. 나는 로봇을 좋아해.	This 이것은 My favorite subject 내가 좋아하는 과목 from Korea 한국으로부터

문장이 무엇인지 감이 왔나요? 문장에는 그 문장의 주인이 되는 사람(사물)이 있어야 하고요,
또 그 주인이 무엇을 어떻게 했다든가, '~이다' 하는 설명이 있어야 해요. 문장의 주인을 '주어'라고 하고요, 어떻게 했다는 동작이나 설명의 말을 '동사'라고 해요. 문장이 무엇인지 아는 것은 매우 중요하답니다.

1 다음 중 문장인 것에 동그라미 하세요.

a. I like pizza. (   )

b. sick people (   )

c. He is brave. (   )

d. want to be a doctor (   )

e. brown eyes and long hair (   )

f. They are (   )

g. I am wearing a nice shirt. (   )

h. She has short brown hair. (   )

She is sitting on a chair.
그녀는 의자에 앉아 있어.

Key Sentence

다음 문장을 듣고 큰 소리로 따라 읽어 보세요.

She	is sitting	on a chair.
그녀는	앉아 있다	의자에

Key Words

다음 단어를 듣고 큰 소리로 따라 읽은 다음 빈칸에 써 보세요.
단어를 쓸 때는 천천히 소리 내어 읽으며 쓰도록 하세요.

❶ **sit 앉다**

sit

----

❷ **study 공부하다**

study

----

❸ **eat 먹다**

eat

----

❹ **talk 말하다**

talk

----

❺ **water 물 주다, 물**

water

----

❻ **chair 의자**

chair

▶ on ~ 위에 │ pizza 피자 │ with ~와 함께 │ bubble 비눗방울

문장을 큰 소리로 따라 읽은 다음, 한 번은 따라 쓰기, 한 번은 스스로 쓰기 해보세요.

 What is she doing? 그녀는 무엇을 하고 있어?

_____

 She is sitting on a chair. 그녀는 의자에 앉아 있어.

_____

 She is studying. 그녀는 공부하고 있어.

_____

 She is eating pizza. 그녀는 피자를 먹고 있어.

_____

Unscramble and Copy

우리말에 맞게 단어 아래에 번호를 쓴 후, 문장을 완성해 보세요.

그녀는 우리 엄마와 이야기하고 있어.

She	with my mom.	is talking
( )	( )	( )

_____ _____ _____

상자 속 단어를 골라 문장을 완성하세요.

| She
I | is
am | sitting
studying
eating
making
talking
watering | on a chair
pizza
bubbles
with my mom
the flowers | . |

1 그녀는 의자에 앉아 있어.

_____ _____ __sitting__ _____ __a__ __chair__ .

2 나는 비누 방울을 만들고 있어.

_____ _____ _____ __bubbles__ .

3 나는 꽃에 물을 주고 있어.

_____ __am__ _____ __the__ _____.

4 그녀는 공부하고 있어.

_____ _____ _____.

is ~ing로 무엇을 하고 있는지 생생한 현재 상황을 말해요.

앞에서 동작이나 상태를 나타내는 단어를 '동사'라고 한다고 배웠죠? 움직인다고 해서 동사예요. 이러한 동작에 더 생생한 느낌을 줄 수 있는 표현이 있답니다.

He is eating ~

지금 먹고 있는 상황

She is watering~

지금 물을 주고 있는 상황

They are talking ~

지금 말하고 있는 상황

규칙이 보이나요?

is
am   + 동사 ing
are

---

1 밑줄 친 단어를 현재 진행되는 상황으로 써 보세요.

a. I <u>eat</u> pizza.

→ I <u>am eating</u> pizza.

b. I <u>study</u> English.

→ I _____ _____ English.

c. I <u>water</u> the flowers.

→ I _____ _____ the flowers.

d. I <u>talk</u> with my dad.

→ I _____ _____ with my dad.

He looks smart.
그는 똑똑해 보여.

Key Sentence

다음 문장을 듣고 큰 소리로 따라 읽어 보세요.

He	looks	smart.
그는	~해 보인다	똑똑한

Key Words

다음 단어를 듣고 큰 소리로 따라 읽은 다음 빈칸에 써 보세요.

단어를 쓸 때는 천천히 소리 내어 읽으며 쓰도록 하세요.

① smart 똑똑한

smart

-----

② sad 슬픈

sad

-----

③ happy 행복한

happy

-----

④ tired 피곤한

tired

-----

⑤ busy 바쁜

busy

-----

⑥ angry 화난

angry

Listen, Read and Write

문장을 큰 소리로 따라 읽은 다음, 한 번은 따라 쓰기, 한 번은 스스로 쓰기 해보세요.

 He looks smart.   그는 똑똑해 보여.

_____

 She looks sad.   그녀는 슬퍼 보여.

_____

 He looks tired.   그는 피곤해 보여.

_____

 She looks happy.   그녀는 행복해 보여.

_____

Unscramble and Copy

우리말에 맞게 단어 아래에 번호를 쓴 후, 문장을 완성해 보세요.

그는 바빠 보여.

looks	busy.	He
( )	( )	( )

_____ _____ _____

상자 속 단어를 골라 문장을 완성하세요.

| He
She | looks | smart
sad
happy
tired
busy
angry | . |

1 그는 슬퍼 보여.

_____ __looks__ _____ .

2 그녀는 바빠 보여.

_____ _____ __busy__ .

3 그는 화나 보여.

_____ _____ _____ .

4 그녀는 행복해 보여.

_____ _____ _____ .

look으로 생각을 말해요.

look은 '보다'라는 뜻을 가졌어요. 길을 가다가 깜짝 놀랄 장면을 본다면 "Look!"(저기 봐!) 하고 말하면 돼요. look 다음에 sad, happy처럼 기분을 나타내는 형용사가 오거나 smart , angry처럼 상태를 나타내는 말이 오면 '~처럼 보인다'는 뜻이에요.

He is sad. 그는 슬퍼.

He looks sad. 그는 슬퍼 보여.

차이가 느껴지나요? look을 쓰면 말하는 사람의 생각이 들어가요.
앞에 오는 주어에 따라 모습이 조금씩 달라지는 것에도 주의하세요.

You
They look happy.

He
She looks happy.

① 다음 괄호 안에 알맞은 단어를 골라 동그라미 하세요.

a. He (look / looks) sad.

b. She (look / looks) angry.

c. You (look / looks) tired.

d. They (look / looks) angry.

② 다음 문장에서 틀린 곳을 찾아 밑줄을 긋고 고쳐 보세요.

a. She look happy.

_____

b. They looks sad.

_____

Chapter Review

A 다음 그림을 보면서 Unit 01~04까지의 내용을 정리해 보세요.

He has brown eyes and long hair.
그 아저씨는 갈색 눈에 긴 머리를 가졌어요.

He is wearing glasses.
아저씨는 안경을 썼어요.

He is sitting on a chair.
아저씨는 의자에 앉아 있어요.

He looks angry.
아저씨는 화난 것처럼 보여요.

What does he look like?
그 아저씨는 어떻게 생겼어?

Word Box 각 단어 옆에 우리말 뜻을 써 넣으세요.

blue	wear	sit	smart
brown	glasses	study	sad
short	hat	eat	happy
long	skirt	talk	tired
curly	shirt	water	busy
straight	pants	chair	angry

B 이야기를 듣고 누구를 설명하는지 짝지어 보세요.

1.

> She has blue eyes and curly hair.
> She is wearing yellow pants.
> She is eating pizza.

2.

> He is wearing glasses.
> He is studying.
> He looks tired.

C 이야기를 듣고 그림을 그려보세요.

> I have blue eyes and short hair.
>
> I wear a yellow T-shirt and red pants.
>
> I am watering the flowers.
>
> I look happy.

034

교실에서 선생님께서 사용하시는 말들이에요. 지시하거나 주의하는 말이 많지요. 물론 우리 친구들도 쓸 수 있어요. 모든 표현 뒤에는 'please'를 붙여서 좀 더 친절하거나 공손하게 말할 수 있답니다. 미국의 부모님들은 이 'please'를 magic word(마법의 말)라고 아이들에게 가르쳐요. 공손하게 부탁하면 다 이루어진다는 뜻이겠죠?

Be quiet, please.
조용히 하세요.

Open your book.
책을 펴세요.

Close your book.
책을 덮으세요.

Look at the board.
칠판을 보세요.

Raise your hand.
손을 드세요.

Line up.
줄을 서세요.

Take your seat.
자리에 앉으세요.

Don't run.
뛰지 마세요.

Don't push.
밀지 마세요.

Don't eat.
먹지 마세요.

Come here.
이리 오세요.

Pick up the trash.
쓰레기를 주우세요.

Put on your jacket.
겉옷을 입으세요.

Chapter 5

일과
이야기하기

Unit 01

I get up at 7 o'clock.
나는 7시에 일어나.

Key Sentence

다음 문장을 듣고 큰 소리로 따라 읽어 보세요.

I	get up	at 7 o'clock.
나는	일어나다	7시에

Key Words

다음 단어를 듣고 큰 소리로 따라 읽은 다음 빈칸에 써 보세요.

단어를 쓸 때는 천천히 소리 내어 읽으며 쓰도록 하세요.

❶ **get up**
일어나다

get up
- - - - - - - - - - - - - - -

❷ **breakfast**
아침 식사

breakfast
- - - - - - - - - - - - - - -

❸ **lunch** 점심 식사

lunch
- - - - - - - - - - - - - - -

❹ **dinner**
저녁 식사

dinner
- - - - - - - - - - - - - - -

❺ **school** 학교

school
- - - - - - - - - - - - - - -

❻ **bed** 침대

bed
- - - - - - - - - - - - - - -

▶ have 먹다 ㅣ go to ~에 가다 ㅣ at (시간) ~에 ㅣ o'clock ~시

Listen, Read and Write

문장을 큰 소리로 따라 읽은 다음, 한 번은 따라 쓰기, 한 번은 스스로 쓰기 해보세요.

 What time do you get up? 너는 몇 시에 일어나?

_____

 I get up at 7 o'clock. 나는 7시에 일어나.

_____

 I have breakfast at 7:30. 나는 7시 30분에 아침을 먹어.

_____

 I go to school at 8 o'clock. 나는 8시에 학교에 가.

_____

Unscramble and Copy

우리말에 맞게 단어 아래에 번호를 쓴 후, 문장을 완성해 보세요.

나는 12시 30분에 점심을 먹어.

| lunch | I | have | at 12:30. |

(   )   (1   )   (   )   (   )

_____ _____ _____ _____

상자 속 단어를 골라 문장을 완성하세요.

get up		
	have breakfast	7 o'clock
	have lunch	7:30
I	have dinner	at 12:30
	go to school	6 o'clock
	go to bed	8 o'clock
		10 o'clock

1 나는 7시에 일어나.

_____ __get__ _____ __at__ _____.

2 나는 8시에 학교에 가.

_____I_____ _____ _____ __school__ _____ __8 o'clock__.

3 나는 10시에 자러 가.

_____ _____ _____ __bed__ _____ _____.

4 나는 12:30에 점심을 먹어.

_____ _____ _____ _____ _____.

시간을 나타내는 전치사 ❶ at / on

at은 3 o'clock (3시)처럼 정확한 시간 앞에 놓여서 "~에"라는 뜻으로 쓰여요.

| at + 정확한 시간 | at + 1 o'clock | 1시에 |
| | 12:30 | 12시 30분에 |

on은 요일, 날짜, 명절 같은 특별한 날 앞에 놓여서 "~에"라는 뜻으로 쓰여요.

on + 요일/ 날짜/ 특별한 날	on + Sunday	일요일에
	April 30th	4월 30일에
	Christmas	크리스마스에

❶ 알맞은 단어를 골라 동그라미 하세요.

a. I play soccer (on / at) Sundays. 나는 일요일마다 축구를 해.

b. I play soccer (on / at) 5 o'clock. 나는 5시에 축구를 해.

c. I like to listen to music (on / at) Christmas.
나는 크리스마스에 음악 듣는 것을 좋아해.

d. I like to sing and dance (on / at) my birthday.
나는 내 생일 때 노래하고 춤추는 것을 좋아해.

> **주의사항**
>
> 영어로 날짜 쓰는 순서.
> 우리말과는 달리 월, 일, 연도 순으로 써요.
> 우리말로 2020년 12월 1일은 영어로
> December 1st, 2020가 된답니다.
> 　12월　　1일　　2020년

I do my homework in the afternoon. 나는 오후에 숙제를 해.

Key Sentence

다음 문장을 듣고 큰 소리로 따라 읽어 보세요.

I	**do**	**my homework**	**in the afternoon.**
나는	~을 하다	내 숙제를	오후에

Key Words

다음 단어를 듣고 큰 소리로 따라 읽은 다음 빈칸에 써 보세요.

단어를 쓸 때는 천천히 소리 내어 읽으며 쓰도록 하세요.

❶ **morning** 아침

morning

----

❷ **afternoon** 오후

afternoon

----

❸ **evening** 저녁

evening

----

❹ **ride** 타다

ride

----

❺ **walk** 산책시키다

walk

----

❻ **use** 사용하다

use

▶ homework 숙제 ｜ Internet 인터넷 ｜ bike 자전거

Listen, Read and Write

문장을 큰 소리로 따라 읽은 다음, 한 번은 따라 쓰기, 한 번은 스스로 쓰기 해보세요.

 I do my homework in the afternoon.　나는 오후에 숙제를 해.

_____

 I help my mom in the morning.　나는 아침에 엄마를 도와.

_____

 I walk my dog in the afternoon.　나는 오후에 개를 산책시켜.

_____

 I use Internet in the evening.　나는 저녁에 인터넷을 이용해.

_____

Unscramble and Copy

우리말에 맞게 단어 아래에 번호를 쓴 후, 문장을 완성해 보세요.

나는 아침에 자전거를 타.

ride my bike	in the morning.	I
(　　　)	(　　　)	(　　　)

_____   _____   _____

상자 속 단어를 골라 문장을 완성하세요.

do	my homework	
help	my mom	in the morning
ride	my bike	in the afternoon
I walk	my dog	in the evening
use	Internet	
read	books	

.

1 나는 오후에 숙제를 해.

_____ do _____ _____ in the _____ .

2 나는 아침에 엄마를 도와 .

_____ _____ _____ _____ in _____ morning .

3 나는 오후에 책을 읽어.

_____ _____ _____ _____ _____ afternoon .

4 나는 저녁에 인터넷을 이용해.

_____ _____ _____ _____ _____ _____ .

시간을 나타내는 전치사 ❷ in

in은 하루 중의 때 / 월 / 계절 / 연도 앞에 쓰여요.

in + 하루 중의 때	in +	the morning	아침에
		the afternoon	오후에
		the evening	저녁에
in + 월	in +	January	1월에
		February	2월에
		March	3월에
in + 계절	in +	(the) +spring	봄에
		summer	여름에
		fall	가을에
		winter	겨울에
in + 연도	in +	2020	2020년에

1 알맞은 단어를 골라 동그라미 하세요.

a. I play basketball (on / at / in) the morning. 나는 아침에 농구를 해.

b. I play tennis (on / at / in) the afternoon. 나는 오후에 테니스를 쳐.

c. I jump rope (on / at / in) the evening. 나는 저녁에 줄넘기를 해.

한글	영어	약자	한글	영어	약자
1월	January	Jan.	7월	July	Jul.
2월	February	Feb.	8월	August	Aug.
3월	March	Mar.	9월	September	Sept.
4월	April	Apr.	10월	October	Oct.
5월	May	May	11월	November	Nov.
6월	June	Jun.	12월	December	Dec.

I exercise four times a week.
나는 일주일에 네 번 운동해.

Key Sentence

다음 문장을 듣고 큰 소리로 따라 읽어 보세요.

I	**exercise**	**four times a week.**
나는	운동한다.	일주일에 네 번

Key Words

다음 단어를 듣고 큰 소리로 따라 읽은 다음 빈칸에 써 보세요.
단어를 쓸 때는 천천히 소리 내어 읽으며 쓰도록 하세요.

1 exercise
운동하다

exercise
----

2 clean 청소하다

clean
----

3 week 주

Week	
Mon	
Tue	
Wed	
Thu	
Fri	
Sat	
Sun	

week
----

4 once 한 번

once
----

5 twice 두 번

twice
----

6 fast food
패스트푸드

fast food

▶ times ~ 번, ~ 배 | jump rope 줄넘기 하다 | watch 보다

문장을 큰 소리로 따라 읽은 다음, 한 번은 따라 쓰기, 한 번은 스스로 쓰기 해보세요.

 How often do you exercise? 너는 얼마나 자주 운동해?

_____

 I exercise four times a week. 나는 일주일에 네 번 운동을 해.

_____

 I eat fast food once a week. 나는 일주일에 한 번 패스트푸드를 먹어.

_____

I clean my room three times a week.

나는 일주일에 세 번 내 방을 청소해.

_____

우리말에 맞게 단어 아래에 번호를 쓴 후, 문장을 완성해 보세요.

나는 일주일에 다섯 번 줄넘기를 해.

| jump rope | I | five times a week. |

(   )   (   )   (   )

_____ _____ _____

상자 속 단어를 골라 문장을 완성하세요.

I
eat fast food
go to the Help Dog Center
clean my room
watch TV
exercise
jump rope

once a week
twice a week
three times a week
four times a week
five times a week
every day

.

1 나는 일주일에 네 번 운동을 해.

_____ _____ _____ times _____ week .

2 나는 일주일에 한 번 내 방을 청소해.

____ _____ my room _____ a week .

3 나는 일주일에 두 번 TV를 봐.

_____ _____ _____ twice _____ _____ .

4 나는 매일 패스트푸드를 먹어.

_____ _____ _____ _____ _____ _____ .

~times를 이용해 무엇을 얼마나 자주 하는지 표현해요.

먹는 것, 운동하는 것, 취미 활동 등은 일상생활에서 반복적으로 하는 일들이기 때문에 얼마나 자주 하는지 표현 수 있어야 해요.

숫자를 쓰고 times를 붙인 다음, 뒤에 기준이 되는 기간을 쓰면 된답니다. 한 번(once), 두 번(twice)은 예외예요.

횟수 + times(번) + α + 기간

once	
twice	day
three times	α week
four times	month
five times	

once a day 하루에 한 번   **once a month** 한 달에 한 번
twice a day 하루에 두 번   **twice a month** 한 달에 두 번
three times a day 하루에 세 번   **three times a month** 한 달에 세 번

1 주어진 우리말 뜻에 맞게 빈칸을 채워 보세요.

a. I eat chicken _____ _____ a _____.
나는 한 달에 네 번 닭고기를 먹어.

b. I walk my dog _____ a _____.
나는 하루에 한 번 개를 산책시켜.

c. I water the flowers _____ _____ a _____.
나는 일주일에 세 번 꽃에 물을 줘.

d. I take pictures _____ a _____.
나는 한 달에 두 번 사진을 찍어.

I go to the farm on Sundays.
나는 일요일마다 농장에 가.

다음 문장을 듣고 큰 소리로 따라 읽어 보세요.

I	go to	the farm	on Sundays.
나는	~에 간다	농장	일요일마다

다음 단어를 듣고 큰 소리로 따라 읽은 다음 빈칸에 써 보세요.

단어를 쓸 때는 천천히 소리 내어 읽으며 쓰도록 하세요.

❶ **farm 농장**

farm

----

❷ **movie 영화**

movie

----

❸ **park 공원**

park

----

❹ **wash 씻다**

wash

----

❺ **feed 먹이를 주다**

feed

----

❻ **practice 연습**

practice

▶ weekend 주말(토요일과 일요일) | watch 보다 | dog 개 | rabbit 토끼 | vegetables 채소

Listen, Read and Write

문장을 큰 소리로 따라 읽은 다음, 한 번은 따라 쓰기, 한 번은 스스로 쓰기 해보세요.

 What do you do on weekends? 너는 주말에 뭐해?

_____

 I go to the farm on Sundays. 나는 일요일마다 농장에 가.

_____

 I watch a movie on Saturdays. 나는 토요일마다 영화를 봐.

_____

 I go to the park on weekends. 나는 주말마다 공원에 가.

_____

Unscramble and Copy

우리말에 맞게 단어 아래에 번호를 쓴 후, 문장을 완성해 보세요.

나는 일요일마다 개를 씻겨 줘.

| I | my dog | wash | on Sundays. |

(1)   (   )   (   )   (   )

_____ _____ _____ _____

상자 속 단어를 골라 문장을 완성하세요.

I

go to	the farm	on	Sundays
watch	the park		Saturdays
wash	a movie		weekends
feed	my dog		
grow	the rabbits		
	vegetables		

.

1 나는 일요일마다 농장에 가.

_____ go to _____ _____ on _____ .

2 나는 토요일마다 토끼에게 먹이를 줘.

_____ _____ the rabbits _____ _____ .

3 나는 일요일마다 영화를 봐.

_____ _____ a _____ on _____ .

4 나는 주말마다 채소를 키워.

_____ _____ _____ _____ _____ .

요일을 영어로 표현해 보아요.

Monday 월요일   Tuesday 화요일   Wednesday 수요일   Thursday 목요일
Friday 금요일   Saturday 토요일   Sunday 일요일   weekend 주말

❶ 월요일부터 일요일까지 모든 요일은 항상 대문자로 시작해요.

I go to the park on Saturdays.

❷ 요일 앞에서 '~에'라고 말할 때는 항상 전치사 on을 써요.

I go to the park on Saturdays.

❸ 어느 요일마다, 혹은 어느 요일에는 하고 반복적인 활동을 말할 때는 뒤에 s를 붙여요.

I go to the park on Saturdays. 나는 토요일마다 공원에 가.

---

1 다음 문장에서 틀린 부분을 찾아 밑줄을 긋고 고쳐 써 보세요.

a. I make robots on mondays. 나는 월요일마다 로봇을 만들어.

➡ _____.

b. I wash my dog in Sundays. 나는 일요일마다 개를 씻겨.

➡ _____.

c. I have soccer practice on Tuesday. 나는 화요일마다 축구 연습을 해.

➡ _____.

Chapter Review

A 다음 그림을 보면서 Unit 01~04까지의 내용을 정리해 보세요.

I go to the farm on Sundays.
나는 일요일마다 농장에 가.

I feed the rabbits.
나는 토끼에게 먹이를 줘.

I grow vegetables.
나는 채소를 키워.

I do my homework in the afternoon.
나는 오후에 숙제를 해.

What do you do on weekends?
너는 주말에 뭐해?

Word Box 각 단어 옆에 우리말 뜻을 써 넣으세요.

get up	morning	exercise	farm
breakfast	afternoon	clean	movie
lunch	evening	week	park
dinner	ride	once	wash
school	walk	twice	feed
bed	use	fast food	practice

B 주간 계획표가 누구의 것인지 맞춰보세요.

Mon	Tue	Wed	Thu	Fri	Sat	Sun
		∨ walk my dog		∨ walk my dog		

Mon	Tue	Wed	Thu	Fri	Sat	Sun
		∨ ride my bike		∨ ride my bike		∨ ride my bike

A : _____

B : _____

I ride my bike three times a week.

Yuna

I walk my dog twice a week.

Soojin

C 하루 계획표가 누구의 것인지 맞춰보세요.

A : _____

B : _____

I get up at 7 o'clock.
I do my homework at 6 o'clock.
I go to bed at 11 o'clock.

Hyejin

I get up at 8 o'clock.
I read books at 4 o'clock.
I go to bed at 10 o'clock.

Minsoo

Chapter 6

물건의 주인
말하고 묘사하기

It's Eric's water rocket.
그건 에릭의 물 로켓이야.

Key Sentence

다음 문장을 듣고 큰 소리로 따라 읽어 보세요.

It's	Eric's	water rocket.
그것은 ~이다	에릭의	물 로켓

Key Words

다음 단어를 듣고 큰 소리로 따라 읽은 다음 빈칸에 써 보세요.

단어를 쓸 때는 천천히 소리 내어 읽으며 쓰도록 하세요.

① rocket 로켓

rocket

----

② bottle 물병

bottle

----

③ textbook 교과서

textbook

----

④ umbrella 우산

umbrella

----

⑤ phone 전화

phone

----

⑥ kite 연

kite

Listen, Read and Write

문장을 큰 소리로 따라 읽은 다음, 한 번은 따라 쓰기, 한 번은 스스로 쓰기 해보세요.

 Whose water rocket is that? 저건 누구의 물 로켓이야?

_____

 It's Eric's water rocket. 그건 에릭의 물 로켓이야.

_____

 It's Emily's bottle. 그건 에밀리의 물병이야.

_____

 It's Nara's umbrella. 그건 나라의 우산이야.

_____

Unscramble and Copy

우리말에 맞게 단어 아래에 번호를 쓴 후, 문장을 완성해 보세요.

그건 루시의 전화야.

| phone. | Lucy's | It's |

(   ) (   ) (   )

_____ _____ _____

상자 속 단어를 골라 문장을 완성하세요.

| It's | Eric's
Emily's
Nara's
Lucy's
Kevin's
Tom's | rocket
bottle
textbook
umbrella
phone
kite | . |

1 그건 에릭의 물병이야.

_____ _____ __bottle__ .

2 그건 나라의 우산이야.

__It's__ _____ _____ .

3 그건 케빈의 연이야.

_____ __Kevin's__ _____ .

4 그건 톰의 교과서야.

_____ _____ _____ .

누구의 것인지 말할 때는 's를 써요.

친구들이 물건을 잃어버리면 누구의 것인지 찾아 주어야 할 때가 있죠? 친구의 이름을 이용해 표현할 때는 이름 뒤에 's를 써요. 이렇게 하면 "누구의"라는 뜻도 되고요, '누구의 것'이라는 뜻도 된답니다.

이름 + 's	Mike + 's = Mike's	마이크의 / 마이크의 것
Whose kite is this?	It's Mike's kite.	그건 마이크의 연이야.
이건 누구 연이야?	=It's Mike's.	그건 마이크의 것이야.

이름을 쓰지 않고, 나의 것, 너의 것 등을 표현할 때는 mine, yours처럼 새로운 단어를 사용해요.

		~의		~의 것	
I	나	my	나의	mine	나의 것
you	너	your	너의	yours	너의 것
he	그	his	그의	his	그의 것
she	그녀	her	그녀의	hers	그녀의 것

1 다음 밑줄 친 부분을 한 단어로 바꿔보세요.

a. It's <u>my rocket</u>. → It's _____.
나의 로켓   내 것

b. It's <u>her umbrella</u>. → It's _____.
그녀의 우산   그녀의 것

c. It's <u>your phone</u>. → It's _____.
너의 전화   너의 것

d. It's <u>his kite</u>. → It's _____.
그의 연   그의 것

It has a big star.
그것엔 큰 별이 있어.

다음 문장을 듣고 큰 소리로 따라 읽어 보세요.

It	has	a big star.
그것은	가지고 있다	큰 별을

다음 단어를 듣고 큰 소리로 따라 읽은 다음 빈칸에 써 보세요.

단어를 쓸 때는 천천히 소리 내어 읽으며 쓰도록 하세요.

① **big** 큰

big

----

② **small** 작은

small

----

③ **star** 별

star

----

④ **ribbon** 리본

ribbon

----

⑤ **heart**
심장, 하트

heart

----

⑥ **white** 흰색의

white

▶ pink 분홍색의 ㅣ tail 꼬리

126 초등 영어를 결정하는 영어표현

문장을 큰 소리로 따라 읽은 다음, 한 번은 따라 쓰기, 한 번은 스스로 쓰기 해보세요.

 It has a big star. 그것엔 큰 별이 있어.

_____

 It has a long tail. 그것엔 긴 꼬리가 있어.

_____

 It has a small heart. 그것엔 작은 하트가 있어.

_____

 It has a red ribbon. 그것엔 빨간 리본이 있어.

_____

Unscramble and Copy

우리말에 맞게 단어 아래에 번호를 쓴 후, 문장을 완성해 보세요.

그것엔 하얀 별이 있어.

It	a white star.	has

(   )　(   )　(   )

_____

상자 속 단어를 골라 문장을 완성하세요.

It has a	big small long white red pink	star heart tail ribbon

1 그것엔 큰 별이 있어.

_____ has _____ big _____ .

2 그것엔 작은 하트가 있어.

_____ _____ a _____ heart .

3 그것엔 분홍색 리본이 있어.

_____ _____ a _____ _____ .

4 그것엔 긴 꼬리가 있어.

_____ _____ _____ _____ .

have는 '가지다' 또는 '있다'는 뜻으로 쓰여요. → have/has

have는 '가지다'라는 뜻으로 알고 있지요? I have a bike.(나는 자전거를 가지고 있어.)처럼 어떤 물건을 가지고 있다는 표현에서 많이 봤을 거예요. 하지만 이런 경우 말고도, 우리말의 '있다'에 해당할 때도 쓰여요. 조금만 생각을 영어식으로 해볼까요?

I have a kite.   나는 연을 가지고 있어.

It has a star.   그것엔 별이 있어.

친구는 별이 그려진 연을 가지고 있네요. 우리말로는 연에 별이 있는 것이지만 영어식으로 생각하면 연이 별을 가지고 있는 거예요. 그래서 가지다는 뜻의 have가 쓰였죠.

보통 우리 친구들이 영어 문장을 쓸 때 '~ 있다'고 하면 there is를 떠올리는 경우가 많아서 어색할 때가 있어요. 물건을 설명할 때 꼭 기억해두세요!

또 한 가지 기억해야 할 게 있어요. have도 has도 같은 뜻인 것은 알겠는데 각각 어떤 때 쓰는지 궁금했죠? 정확히 정리해 볼게요.

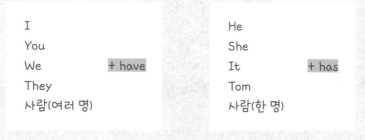

I You We They 사람(여러 명)	+ have	He She It Tom 사람(한 명)	+ has

---

1 다음 괄호 안 알맞은 말에 동그라미 하세요.

a. I (have / has) a dog. 나는 개를 가지고 있어.

b. It (have / has) a tail. 그것엔 꼬리가 있어.

c. Eric (have / has) a phone. 에릭은 전화를 가지고 있어.

Unit 03
It looks like a shark.
그건 상어처럼 보여.

다음 문장을 듣고 큰 소리로 따라 읽어 보세요.

It	looks like	a shark.
그것은	~인 것처럼 보인다.	상어

다음 단어를 듣고 큰 소리로 따라 읽은 다음 빈칸에 써 보세요.
단어를 쓸 때는 천천히 소리 내어 읽으며 쓰도록 하세요.

❶ fish 물고기

fish
----

❷ shark 상어

shark
----

❸ bird 새

bird
----

❹ bear 곰

bear
----

❺ cat 고양이

cat
----

❻ airplane
비행기

airplane

문장을 큰 소리로 따라 읽은 다음, 한 번은 따라 쓰기, 한 번은 스스로 쓰기 해보세요.

 It looks like a shark.   그건 상어처럼 보여.

_____

 It looks like a bird.   그건 새처럼 보여.

_____

 It looks like a bear.   그건 곰처럼 보여.

_____

 It looks like a cat.   그건 고양이처럼 보여.

_____

우리말에 맞게 단어 아래에 번호를 쓴 후, 문장을 완성해 보세요.

그건 비행기처럼 보여.

It	an airplane.	looks like
( )	( )	( )

_____ _____ _____

상자 속 단어를 골라 문장을 완성하세요.

It looks like

> a fish
> a bird
> a bear
> a cat
> an airplane
> a shark

.

1 그건 상어처럼 보여.

____It____ _____ _____ __a__ __shark__ .

2 그건 새처럼 보여.

____It____ _____ _____ __a__ _____ .

3 그건 비행기처럼 보여.

_____ _____ _____ __an__ _____ .

4 그건 물고기처럼 보여.

_____ _____ _____ _____ _____ .

동사의 모습이 변해요. → 동사 + s / es / ies

앞에서 어떤 때 look이 쓰이고, 어떤 때 looks가 쓰이는지 간단히 배웠어요.

이번에는 동사가 어떤 때는 원래 모습 그대로 쓰이고, 어떤 때는 s, es, ies가 붙는지 총정리해 볼게요.

I You We They 사람 (여러 명)	동사 그대로 eat go study

He She It 사람(한 명)	동사 + s　　(대부분의 경우) eats 동사 + es　(동사가 -s, -sh, -ch, -x, -o로 끝나는 경우) goes 동사 + ies　(동사가 자음 + y 로 끝날 때 y빼고 ies) studies

1 알맞은 단어를 골라 동그라미 하세요.

a. I (listen / listens / listenies) to the music.

b. He (watch / watches / watchies) TV every day.

2 다음 문장에서 틀린 부분을 찾아 밑줄 긋고 고쳐보세요.

a. Jane study English.

➜ _____ .

b. They goes to school at 8:30.

➜ _____ .

It is faster than my rocket.
그건 내 로켓보다 더 빨라.

다음 문장을 듣고 큰 소리로 따라 읽어 보세요.

It	is	faster than	my rocket.
그것은	~이다	~보다 더 빠른	내 로켓

Key Words
다음 단어를 듣고 큰 소리로 따라 읽은 다음 빈칸에 써 보세요.
단어를 쓸 때는 천천히 소리 내어 읽으며 쓰도록 하세요.

1 **faster** 더 빠른
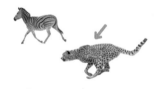
faster
- - - - - - - - - - - - - - - - - -

2 **bigger** 더 큰

bigger
- - - - - - - - - - - - - - - -

3 **taller**
키가 더 큰

taller
- - - - - - - - - - - - - - - -

4 **longer** 더 긴

longer
- - - - - - - - - - - - - - -

5 **stronger**
힘이 더 센

stronger
- - - - - - - - - - - - - - -

6 **heavier**
더 무거운

heavier
- - - - - - - - - - - - - - - -

▶ car 자동차 | tree 나무 | watermelon 수박 | bag 가방

Listen, Read and Write

문장을 큰 소리로 따라 읽은 다음, 한 번은 따라 쓰기, 한 번은 스스로 쓰기 해보세요.

 Which is faster? 어떤 게 더 빨라?

_____

 It is faster than my rocket. 그게 내 로켓보다 더 빨라.

_____

 It is bigger than my bag. 그게 내 가방보다 더 커.

_____

 It is taller than my tree. 그게 내 나무보다 키가 더 커.

_____

Unscramble and Copy

우리말에 맞게 단어 아래에 번호를 쓴 후, 문장을 완성해 보세요.

그게 수박보다 더 무거워.

the watermelon.	heavier than	It is
( )	( )	( )

_____ _____ _____

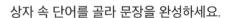

상자 속 단어를 골라 문장을 완성하세요.

It is
faster		than		my rocket	
taller				my bag	
longer				my tree	
bigger				my dad	
stronger				the watermelon	
heavier				the car	
.

❶ 그게 내 로켓보다 더 빨라.

It　　is　＿＿＿＿＿　than　＿＿my＿＿　＿＿＿＿＿ .

❷ 그게 내 가방보다 더 커.

It　　is　＿＿＿＿＿　＿＿＿＿＿　＿my＿　＿bag＿ .

❸ 그게 수박보다 더 무거워.

＿＿＿＿　＿＿＿＿　heavier　＿＿＿＿＿　the　＿＿＿＿＿ .

❹ 그게 우리 아빠보다 힘이 더 세.

＿＿＿　＿＿＿　＿＿＿＿＿＿　＿＿＿＿＿　＿＿＿＿＿ .

비교하는 말을 알아보아요. → ~er + than

Danny is faster than Sunoo. 대니가 선우보다 더 빨라.

❶ '빠른'을 의미하는 형용사 fast에 er을 붙인다.

❷ 비교하고 싶은 대상 앞에 than을 붙인다.

주의할 단어들

❶ 단모음+단자음으로 끝나는 단어들은 자음을 한 번 더 써주고 er을 붙여요. big ⋯ bigger

❷ y로 끝나는 단어들은 i로 바꾼 후 er을 붙여요. easy ⋯ easier, heavy ⋯ heavier

❸ 3음절 이상 단어들은 앞에 more를 붙이기도 해요. interesting ⋯ more interesting

❹ 완전히 다른 모습으로 변하는 단어도 있어요. good ⋯ better, bad ⋯ worse

① 그림을 보고 알맞은 말을 써 보세요.

a.

tall _____

b.

_____ heavier

c.

strong _____

d.

_____ bigger

e.

fast _____

f.

long _____

Chapter Review

A 다음 그림을 보면서 Unit 01~04까지의 내용을 정리해 보세요.

Look at that!
저거 좀 봐!

It has a big star.
큰 별이 있네.

It looks like a shark.
상어 같아 보여.

It's bigger than my rocket.
내 로켓보다 더 크네.

Whose water rocket is that?
저건 누구의 물 로켓이야?

It's Eric's water rocket.
그건 에릭의 물 로켓이야.

Word Box 각 단어 옆에 우리말 뜻을 써 넣으세요.

rocket	big	fish	faster
bottle	small	shark	bigger
textbook	star	bird	taller
umbrella	ribbon	bear	longer
phone	heart	cat	stronger
kite	white	airplane	heavier

B 그림을 보고 대화의 빈칸에 알맞은 단어를 써 넣으세요.

Look at that!

It has a big _____ _____ .

It _____ _____ a rocket.

It's bigger than my backpack.

Whose backpack is that?

It's _____ .

C 누군가가 잃어버린 물건을 찾아주려고 하네요. 그림을 보고 빈칸에 알맞은 말을 써 넣으세요

School Bulletin Board

ENGLISH

Whose water bottle is this?

It has a _____ ribbon.

It looks like a _____ .

It is _____ than the textbook.

051

교실에서 선생님께 허락을 구할 땐 'Can I ~?', 또는 'May I ~?' 하고 질문하면 좋아요.
물론 친구들 사이에서 물건을 빌리거나 할 때도 사용할 수 있답니다. 도움을 요청할 땐
'Could you ~?'(~해 주시겠어요?)로 더 공손하게 말해 볼 수 있어요.

Can I come in?
들어가도 돼요?

Sure.
그래

May I go to the toilet?
저 화장실 가도 돼요?

Yes, you may. Go ahead.
그래. 다녀오렴.

Could you help me, please?
저 좀 도와주시겠어요?

Of course.
물론이야.

Could you say that again, please?
한 번만 다시 말씀해주시겠어요?

Sure.
그래.

Can I borrow your scissors?
가위 좀 빌려 줄래?

Of course.
그래.

Can I use this computer?
이 컴퓨터 좀 써도 될까?

Sure.
그래.

Whose watch is this?
이거 누구 시계니?

It's mine.
내 거야.

Chapter 7

**방학 계획
이야기하기**

What will you do this summer?
이번 여름에 뭐 할 거야?

Key Sentence

다음 문장을 듣고 큰 소리로 따라 읽어 보세요.

I	will join	a space camp	this summer.
나는	참여할 것이다	우주 캠프에	이번 여름에

Key Words

다음 단어를 듣고 큰 소리로 따라 읽은 다음 빈칸에 써 보세요.

단어를 쓸 때는 천천히 소리 내어 읽으며 쓰도록 하세요.

❶ **join** 참여하다

join
----

❷ **space** 우주

space
----

❸ **ski** 스키

ski
----

❹ **eco** 환경

eco
----

❺ **summer** 여름

summer
----

❻ **winter** 겨울

winter

▶ camp 캠프 ㅣ club 동아리

▶ 원래 eco는 다른 단어 앞에 붙어 '환경, 생태'라는 의미를 가지는데, 요즘은 단어로도 자주 쓰여요.

문장을 큰 소리로 따라 읽은 다음, 한 번은 따라 쓰기, 한 번은 스스로 쓰기 해보세요.

 What will you do this summer?   이번 여름에 뭐할 거야?

_____

 What will you do this winter?   이번 겨울에 뭐할 거야?

_____

 I will join a space camp.   나는 우주 캠프에 참여할 거야.

_____

 I will join a ski camp.   나는 스키 캠프에 참여할 거야.

_____

우리말에 맞게 단어 아래에 번호를 쓴 후, 문장을 완성해 보세요.

나는 댄스 동아리에 참여할 거야.

I	a dance club.	will join

(   )   (   )   (   )

_____   _____   _____

상자 속 단어를 골라 문장을 완성하세요.

I will join

> a space camp
> a ski camp
> a music camp
> a dance club
> an eco club
> a movie club

.

1 나는 우주 캠프에 참여할 거야.

I _____ _____ a _____ camp .

2 나는 댄스 동아리에 참여할 거야.

I _____ _____ a _____ club .

3 나는 환경 동아리에 참여할 거야.

_____ _____ _____ an eco club .

4 나는 스키 캠프에 참여할 거야.

_____ _____ _____ _____ _____ .

미래의 일을 말할 때는 will을 써요.

친구들이 방과 후에 무엇을 할지, 주말에는 무엇을 할지, 또 신나는 방학에는 무엇을 할지 이야기하려면 미래를 표현하는 방법을 알아야겠죠?

이럴 땐 "~할 것이다"라는 뜻의 will만 동사 앞에 붙여주면 돼요. 이때 will 다음에 오는 동사는 원래 모습 그대로예요. 복잡하게 s를 붙여야 할지 말지 고민할 필요 없답니다. will은 동사를 도와주러 왔기 때문에 '돕는다'는 의미의 '조(助)'라는 한자를 앞에 붙여서 조동사라고 해요.

will + 동사	
	join (참여하다) ⋯→ will join (참여할 것이다)
	learn (배우다) ⋯→ will learn (배울 것이다)
	read (읽다) ⋯→ will read (읽을 것이다)
	go (가다) ⋯→ will go (갈 것이다)

will과 동사의 만남을 배웠으니 이제 더 많은 이야기를 할 수 있을 거예요. 자꾸 응용해 보는 습관을 가지면 영어실력이 늘 거예요.

1 다음 밑줄 친 부분을 우리말에 맞게 바꾸어 보세요.

a. I <u>wash</u> my dog.

➜ I _____ _____ my dog. 나는 내 개를 씻길 거야.

b. I <u>watch</u> a movie.

➜ I _____ _____ a movie. 나는 영화를 볼 거야.

c. I <u>feed</u> the rabbits.

➜ I _____ _____ the rabbits. 나는 토끼에게 먹이를 줄 거야.

d. He <u>helps</u> sick people.

➜ He _____ _____ sick people. 그는 아픈 사람들을 도울 거야.

I will learn about stars.
나는 별들에 대해 배울 거야.

다음 문장을 듣고 큰 소리로 따라 읽어 보세요.

I	will learn	about stars.
나는	배울 것이다	별들에 대해

다음 단어를 듣고 큰 소리로 따라 읽은 다음 빈칸에 써 보세요.

단어를 쓸 때는 천천히 소리 내어 읽으며 쓰도록 하세요.

❶ learn 배우다

learn

----

❷ history 역사

history

----

❸ take (수업을) 듣다

take

----

❹ cooking 요리

cooking

----

❺ class 수업

class

----

❻ magic 마술

magic

▶ about ~에 대해
▶ class는 주로 (방과 후) 수업이나 학원의 의미로 쓰여요.

문장을 큰 소리로 따라 읽은 다음, 한 번은 따라 쓰기, 한 번은 스스로 쓰기 해보세요.

 I will learn about stars. 나는 별들에 대해 배울 거야.

_____

 I will learn about Korean history. 나는 한국 역사에 대해 배울 거야.

_____

 I will take a cooking class. 나는 요리 수업을 들을 거야.

_____

 I will take a magic class. 나는 마술 수업을 들을 거야.

_____

우리말에 맞게 단어 아래에 번호를 쓴 후, 문장을 완성해 보세요.

나는 요가 수업을 들을 거야.

a yoga class.	I	will take
( )	( )	( )

_____   _____   _____

상자 속 단어를 골라 문장을 완성하세요.

I will

learn	about stars about Korean history taekwondo
take	a cooking class a yoga class a magic class

.

1 나는 별들에 대해 배울 거야.

I _____ _____ _____ about _____ .

2 나는 요리 수업을 들을 거야.

I _____ _____ a _____ class .

3 나는 마술 수업을 들을 거야.

_____ _____ _____ a _____ _____ .

4 나는 태권도를 배울 거야.

_____ _____ _____ _____ .

learn, take 동사를 이용해서 '~을 배우다'를 말해요.

방학에는 주로 새로운 수업을 듣거나 취미 활동을 배우는 등 새로운 계획을 짤 때가 많아요. 그런 계획에 필요한 단어들을 배워 볼까요?

learn은 경험이나 학습을 통해 무언가를 배울 때 써요. 주로 선생님에게 배운다는 의미이기 때문에 캠프에 가거나 동아리 활동을 하며 배우는 것에 쓰면 딱 맞아요.

방학 동안 우주 캠프에 가서 별들에 대해 배울 계획이라면,

I will learn about stars.

비슷한 의미로 take도 쓸 수 있어요. take 자체는 정말 여러 가지 뜻이 있지만 '수업을 듣다'로 쓰일 때는 배운다는 의미가 강하거든요. 방학 동안 마술 방과 후 수업을 들으며 마술을 배울 예정이라면,

I will take a magic class.

친구들이 가장 많이 아는 study(공부하다)는 왜 안 나왔을까요? 책을 보며 열심히 공부할 때는 study도 맞는 표현이에요. 하지만 여기서는 캠프나 수업을 통해 친구들이 배우는 활동에 중심을 두었기 때문에 다루지 않았어요. 태권도를 깊이 연구하는 어른들은 'I will study taekwondo.'라고 할 수 있지만 우리 친구들이 하는 활동은 'I will learn taekwondo.'가 자연스럽답니다.

I will read science books.
나는 과학책을 읽을 거야.

Key Sentence

다음 문장을 듣고 큰 소리로 따라 읽어 보세요.

I	will read	science books.
나는	읽을 것이다	과학책(들)을

Key Words

다음 단어를 듣고 큰 소리로 따라 읽은 다음 빈칸에 써 보세요.

단어를 쓸 때는 천천히 소리 내어 읽으며 쓰도록 하세요.

① visit 방문하다

visit
----

② museum
박물관

museum
----

③ guitar 기타

guitar
----

④ a lot of 많은

a lot of
----

⑤ boat 보트, 배

boat
----

⑥ trip 여행

trip

▶ practice 연습하다 | garden '정원'이라는 뜻으로 많이 알고 있지만, 집이나 학교에 있는 '텃밭'을 의미하기도 해요.

문장을 큰 소리로 따라 읽은 다음, 한 번은 따라 쓰기, 한 번은 스스로 쓰기 해보세요.

 I will read science books.   나는 과학책을 읽을 거야.

_____

 I will visit many museums.   나는 여러 박물관을 갈 거야.

_____

 I will practice the guitar.   나는 기타를 연습할 거야.

_____

 I will read a lot of books.   나는 책을 많이 읽을 거야.

_____

우리말에 맞게 단어 아래에 번호를 쓴 후, 문장을 완성해 보세요.

나는 텃밭을 가꿀 거야.

I	a garden.	will make
( )	( )	( )

_____   _____   _____

상자 속 단어를 골라 문장을 완성하세요.

I will

read	science books
visit	a lot of books
practice	many museums
go on	the guitar
make	a boat trip
	a garden

.

① 나는 과학책을 읽을 거야.

___I___ _____ _____ science books .

② 나는 텃밭을 가꿀 거야.

___I___ _____ _____ a garden .

③ 나는 보트 여행을 갈 거야.

_____ _____ go on _____ _____ _____.

④ 나는 기타를 연습할 거야.

_____ _____ _____ _____ _____.

many / a lot of로 '많다'는 뜻을 말해요.

두 개 이상의 물건을 이야기할 때 s, es를 붙여서 복수 명사를 만든다고 배웠어요.

book ⋯⋙ books	picture ⋯⋙ pictures
bus ⋯⋙ buses	fox ⋯⋙ foxes

'많은'이라는 표현을 이 단어들 앞에 붙여주면 딱 맞겠죠?

many book (X)	many books (O)
many bus (X)	many buses (O)

그런데 문제가 있어요. s, es를 붙여서 복수 명사를 만들 수 없는 단어들이 있거든요.
숙제가 많다고도 하고 싶고, 시간이 많다고도 하고 싶은데 homeworks나 times라고는 쓰지 않아요. ('몇 번'을 나타내는 times 하고는 달라요) 이렇게 셀 수 없는 명사들을 많다고 말하고 싶을 때는 a lot of를 써요.

a lot of homework   a lot of time

물론 a lot of는 셀 수 있는 명사하고도 쓰여요.

a lot of books   a lot of cars

1 다음 중 맞는 문장에 동그라미 하세요.

a. I have many books. (　　)

b. I have many bus. (　　)

c. I have many homeworks. (　　)

d. I have a lot of time. (　　)

e. I have a lot of books. (　　)

f. I have many times. (　　)

g. I have a lot of homework. (　　)

h. I have many book. (　　)

Unit 04

I want to go to the mountain.
나는 산에 가고 싶어.

Key Sentence

다음 문장을 듣고 큰 소리로 따라 읽어 보세요.

I	want to go	to the mountain.
나는	가고 싶다	산에

Key Words

다음 단어를 듣고 큰 소리로 따라 읽은 다음 빈칸에 써 보세요.
단어를 쓸 때는 천천히 소리 내어 읽으며 쓰도록 하세요.

① want 원하다

want

----

② mountain 산

mountain

----

③ party 파티

party

----

④ concert 콘서트

concert

----

⑤ zoo 동물원

zoo

----

⑥ stay 머물다

stay

▶ have (행사를) 하다, 열다

156 초등 영어를 결정하는 영어표현

Listen, Read and Write

문장을 큰 소리로 따라 읽은 다음, 한 번은 따라 쓰기, 한 번은 스스로 쓰기 해보세요.

 I want to go to the mountain. 나는 산에 가고 싶어.

_____

 I want to have a party. 나는 파티를 열고 싶어.

_____

 I want to go to a concert. 나는 콘서트에 가고 싶어.

_____

 I want to go to the zoo. 나는 동물원에 가고 싶어.

_____

Unscramble and Copy

우리말에 맞게 단어 아래에 번호를 쓴 후, 문장을 완성해 보세요.

나는 파리에 가고 싶어.

to Paris.	want to go	I
( )	( )	( )

_____ _____ _____

상자 속 단어를 골라 문장을 완성하세요.

I want to _____

go to the mountain
go to the zoo
go to a concert
go to Paris
have a party
stay home

.

1 나는 파티를 열고 싶어.

_____ want _____ have _____ _____.

2 나는 동물원에 가고 싶어.

I _____ _____ go to the _____.

3 나는 파리에 가고 싶어.

_____ _____ to go to _____.

4 나는 집에 머물고 싶어.

_____ _____ _____ _____ _____.

don't를 써서 그렇지 않다는 것을 말해 보아요.

don't는 do not을 줄여서 쓰는 표현이에요. 일반 동사 앞에 오면 반대의 뜻을 만들게 되죠.

want 원하다	⋯⋯⋯	don't want 원하지 않다
sleep 자다	⋯⋯⋯	don't sleep 자지 않다
go 가다	⋯⋯⋯	don't go 가지 않다

방학을 맞아 아무 데도 가지 않고 집에 있고 싶다면,

I want to stay home. 나는 집에 머물고 싶어.

방학인데 아무 데도 가지 않고 집에 있는 게 싫다면,

I don't want to stay home. 나는 집에 머물고 싶지 않아.

아마 명령이나 지시하는 문장에서 이 Don't가 쓰이는 걸 가장 자주 듣게 될 거예요.

Don't run. 뛰지 마.   Don't touch. 만지지 마.   Don't push. 밀지 마

① 우리말 뜻에 맞게 표현을 골라 보세요.

a. 나는 동물원에 가고 싶어.   I (want/ don't want) to go to the zoo.

b. 나는 집에 있고 싶지 않아.   I (want/ don't want) to stay home.

c. 나는 파티를 하고 싶지 않아.   I (want/ don't want) to have a party.

② 다음 밑줄 친 부분을 우리말에 맞게 바꾸어 보세요.

a. I <u>want</u> to watch a movie.

→ I _____ _____ to watch a movie. 나는 영화를 보고 싶지 않아.

b. I <u>don't take</u> a cooking class.

→ I _____ a cooking class. 나는 요리 수업을 들어.

Chapter Review

A 다음 그림을 보면서 Unit 01~04까지의 내용을 정리해 보세요.

I will join a space camp this summer.
나는 이번 여름에 우주 캠프에 참여할 거야.

I will learn about stars.
나는 별들에 대해 배울 거야.

I will read science books.
나는 과학 책을 읽을 거야.

I want to go to the mountain.
나는 산에 가고 싶어.

What will you do this summer?
이번 여름에 뭐 할 거야?

Word Box 각 단어 옆에 우리말 뜻을 써 넣으세요.

join	learn	visit	want
space	history	museum	mountain
ski	take	guitar	party
eco	cooking	a lot of	concert
summer	class	boat	zoo
winter	magic	trip	stay

160 초등 영어를 결정하는 영어표현

B 그림을 보고 친구가 어떤 방학 계획을 가지고 있는지 써 보세요. 주어진 단어 상자를 이용하세요.

a. (I) (a) (camp) (will) (space) (join)

_____ _____ _____ _____ .

b. (make) (a) (will) (I) (garden)

_____ _____ _____ _____ .

c. (I) (to) (concert) (go) (a) (will)

_____ _____ _____ _____ .

d. (I) (dance) (will) (join) (a) (club)

_____ _____ _____ _____ .

C 나의 방학 계획을 그리고, 영어로 써 보세요.

_____ _____

Chapter 8

길
안내하기

Unit 01

Go straight two blocks and turn left at the bank.

두 블록 쭉 가서 은행에서 왼쪽으로 돌아.

060

Key Sentence

다음 문장을 듣고 큰 소리로 따라 읽어 보세요.

Go straight	two blocks	and	turn left	at the bank.
쭉 가다	두 블록	그리고	왼쪽으로 돌다	은행에서

Key Words

다음 단어를 듣고 큰 소리로 따라 읽은 다음 빈칸에 써 보세요.

단어를 쓸 때는 천천히 소리 내어 읽으며 쓰도록 하세요.

① turn 돌다

turn

----

② left 왼쪽(으로)

left

----

③ right 오른쪽(으로)

right

----

④ bank 은행

bank

----

⑤ market 시장

market

----

⑥ bakery 빵집

bakery

▶ straight 똑바로, 일직선으로 ｜ block (도로로 나뉘는) 구역 ｜ at (장소) ~에서 ｜ library 도서관 ｜ corner 모퉁이

Listen, Read and Write

문장을 큰 소리로 따라 읽은 다음, 한 번은 따라 쓰기, 한 번은 스스로 쓰기 해보세요.

 Where is the library?   도서관은 어디에 있어?

_____

 Go straight two blocks and turn left at the bank.

두 블록 쭉 가서 은행에서 왼쪽으로 돌아.

_____

 Go straight one block and turn right at the bank.

한 블록 쭉 가서 은행에서 오른쪽으로 돌아.

_____

 Go straight two blocks and turn left at the bakery.

두 블록 쭉 가서 빵집에서 왼쪽으로 돌아.

_____

Unscramble and Copy

우리말에 맞게 단어 아래에 번호를 쓴 후, 문장을 완성해 보세요.

한 블록 쭉 가서 시장에서 오른쪽으로 돌아.

Go straight	and	one block	at the market.	turn right
(1)	( )	( )	( )	(4)

_____ _____ _____ _____ _____

상자 속 단어를 골라 문장을 완성하세요.

Go straight

one block		turn left		the bank
two blocks	and	turn right	at	the market
three blocks				the bakery
				the corner

.

① 한 블록 쭉 가서 빵집에서 오른쪽으로 돌아.

Go _____ one block and turn _____ at

the _____.

② 두 블록 쭉 가서 모퉁이에서 오른쪽으로 돌아.

_____ _____ _____ blocks and _____

right at the _____.

③ 세 블록 쭉 가서 시장에서 왼쪽으로 돌아.

_____ _____ three _____ and _____

_____ at the _____.

장소를 나타내는 전치사 ❶ at / on

at은 장소 앞에 써서 "~에서"라는 뜻으로 쓰여요. 5 o'clock (5시) 앞에 써서 "~에"라는 뜻으로 쓰였던 것 기억하죠? 시간을 이야기할 때 콕 집어 어떤 시간을 이야기했듯이 장소를 이야기할 때도 콕 집어 한 지점을 말해요.

at + 정확한 장소   at + **the bank** 은행에서

the bus stop 버스 정류장에서

school 학교에서 / **home** 집에서

on도 장소 앞에 써서 "~에서"라는 뜻으로 쓰여요. at처럼 콕 집어 어느 한 곳을 말하기보다는 '~ 위에' 같은 방향의 느낌도 가지고 있답니다.

on + 장소   on + **the grass** 잔디 위에

the ice 얼음 위에

the bed 침대 위에(침대에서)

the street 길거리 위에서(길거리에서)

❶ 알맞은 단어를 골라 동그라미 하세요.

a. I read books (at / on) the library.

b. I read books (at / on) the grass.

c. I read books (at / on) school.

d. I read books (at / on) the bed.

복습해요

앞에서 명사에 s 또는 es를 붙여 여러 개를 나타내는 단어를 만드는 것을 배웠어요.

Go straight one block.
Go straight two _____.

빈칸에는 그럼 무엇이 들어갈까요? blocks라고 하면 되겠죠? 앞에 two가 있으니까요. 긴 문장 속에 있어도 잊지 말고 챙기세요.

Take Bus Number 3 and get off at the hospital.
3번 버스를 타고 병원에서 내려.

Key Sentence

다음 문장을 듣고 큰 소리로 따라 읽어 보세요.

Take	Bus Number 3	and	get off	at the hospital.
타다	3번 버스를	그리고	내리다	병원에서

Key Words

다음 단어를 듣고 큰 소리로 따라 읽은 다음 빈칸에 써 보세요.

단어를 쓸 때는 천천히 소리 내어 읽으며 쓰도록 하세요.

❶ take 타다

take

----

❷ bus 버스

bus

----

❸ subway 지하철

subway

----

❹ get off 하차하다

get off

----

❺ hospital 병원

hospital

----

❻ college 대학

college

▶ get to ~에 도착하다 ｜ police station 경찰서

168 초등 영어를 결정하는 영어표현

문장을 큰 소리로 따라 읽은 다음, 한 번은 따라 쓰기, 한 번은 스스로 쓰기 해보세요.

 How can I get to the police station?   경찰서에는 어떻게 가?

_____

 Take Bus Number 3 and get off at the hospital.

3번 버스를 타고 병원에서 내려.

_____

 Take Bus Number 5 and get off at the museum.

5번 버스를 타고 박물관에서 내려.

_____

 Take Subway Line 2 and get off at the college.

지하철 2호선을 타고 대학에서 내려.

_____

우리말에 맞게 단어 아래에 번호를 쓴 후, 문장을 완성해 보세요.

지하철 9호선을 타고 공원에서 내려.

and	Subway Line 9	Take	get off	at the park.
( )	( )	(1)	(4)	( )

_____ _____ _____ _____ _____

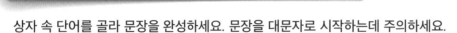

상자 속 단어를 골라 문장을 완성하세요. 문장을 대문자로 시작하는데 주의하세요.

Take | Bus Number ○
Subway Line ○ | and get off at | the hospital
the museum
the police station
the park
the college | .

1 3번 버스를 타고 병원에서 내려.

_____ Bus Number 3 and _____

_____ at the _____.

2 11 번 버스를 타고 공원에서 내려.

_____ Bus Number _____ and _____

_____ at the _____.

3 1호선 지하철을 타고 경찰서에서 내려.

_____ Subway Line _____ and _____

_____ _____ _____ _____ _____.

'~해, ~하세요'라는 뜻의 명령문에 대해 알아보아요.

두 문장을 비교해 볼까요?

I take Bus Number 3.   나는 3번 버스를 탄다.

Take Bus Number 3.   3번 버스를 타.

첫 번째는 누가 무엇을 한다는 형식의 일반적인 문장이에요.

두 번째는 다짜고짜 동사부터 시작을 해요. 이런 경우 '~해, ~ 하세요'라는 뜻이 된답니다.

이런 문장을 명령문이라고 하지만 대개는 명령을 하는 상황보다는 어떻게 하라고 알려주거나 부탁을 할 때 많이

쓰이죠. 그래서 여러분이 많이 알고 있는 'please'라는 표현과 함께 쓰이기도 해요.

Open the window.   창문을 열어.

Open the window, please.   창문 좀 열어주세요.

1 우리말에 맞는 문장을 찾아 연결해 보세요.

a. Take Subway Line 7. •   • 나는 공원에서 내려.

b. I get off at the park. •   • 공원에서 내려.

c. I take Subway Line 7. •   • 나는 지하철 7호선을 타.

d. Get off at the park. •   • 지하철 7호선을 타.

2 다음을 명령문으로 바꿔 보세요.

a. I open the window.

➜ _____ _____ _____.

b. I get up at 7:30.

➜ _____ _____ _____ _____.

It's on your right.
그것은 너의 오른쪽에 있어.

Key Sentence

다음 문장을 듣고 큰 소리로 따라 읽어 보세요.

It's	on	your right.
그것은 ~ 있다	~에	너의 오른쪽

Key Words

다음 단어를 듣고 큰 소리로 따라 읽은 다음 빈칸에 써 보세요.

단어를 쓸 때는 천천히 소리 내어 읽으며 쓰도록 하세요.

① your 너의

your

----

② next to 옆에

next to

----

③ flower shop
꽃집

flower shop

----

④ post office
우체국

post office

----

⑤ bookstore
서점

bookstore

----

⑥ sports center
스포츠센터

sports center

Listen, Read and Write

문장을 큰 소리로 따라 읽은 다음, 한 번은 따라 쓰기, 한 번은 스스로 쓰기 해보세요.

 It's on your right. 그것은 너의 오른쪽에 있어.

_____

 It's on your left. 그것은 너의 왼쪽에 있어.

_____

 It's next to the flower shop. 그것은 꽃집 옆에 있어.

_____

 It's next to the post office. 그것은 우체국 옆에 있어.

_____

Unscramble and Copy

우리말에 맞게 단어 아래에 번호를 쓴 후, 문장을 완성해 보세요.

그것은 서점 옆에 있어.

It's	the bookstore.	next to
( )	( )	( )

_____ _____ _____

상자 속 단어를 골라 문장을 완성하세요.

It's

on	your right your left	.
next to	the flower shop the post office the book store the sports center	.

1 그것은 너의 오른쪽에 있어.

It's _____ your _____ .

2 그것은 너의 왼쪽에 있어.

It's _____ _____ _____ .

3 그것은 우체국 옆에 있어.

It's _____ _____ the _____ office .

4 그것은 스포츠센터 옆에 있어.

_____ _____ _____ _____ _____ .

장소를 나타내는 전치사 ② on / next to

on이 장소 앞에 놓여 '~에서'라는 뜻으로 쓰이는 것을 배웠지요. '~ 위에' 같은 방향의 느낌을 가지고 있어서 on the grass(잔디 위에)처럼 쓰이는 것을 알았어요.

on은 이 밖에도 '~ 쪽에' 같은 방향의 느낌으로도 쓰입니다. 그래서 길 안내를 할 때 빠지지 않고 등장하지요.

| on + 방향 | on | + | your right 너의 오른쪽에 |
| | | | your left 너의 왼쪽에 |

next to는 짝꿍으로 쓰여서 '~ 옆에'라는 뜻이에요. 거의 바로 옆을 말할 때 쓰이죠. He is sitting next to me.(그 애는 내 옆에 앉아 있어.)하면 느낌이 확 오죠?

| next to + 장소 | next to | + | the bank 은행 옆에 |
| | | | the bakery 빵집 옆에 |

1 다음을 읽고 A와 B 중 어느 쪽을 말하는지 동그라미 하세요.

a. on your left

b. on your right

A   B

A   B

c. next to the park

A   park   B   bakery

d. next to the bakery

A   park   B   bakery

It's between the hospital and the bakery.
그곳은 병원과 빵집 사이에 있어.

Key Sentence

다음 문장을 듣고 큰 소리로 따라 읽어 보세요.

It's	between	the hospital	and	the bakery.
그곳은 ~ 있다	~ 사이에	병원	~과	빵집

Key Words

다음 단어를 듣고 큰 소리로 따라 읽은 다음 빈칸에 써 보세요.

단어를 쓸 때는 천천히 소리 내어 읽으며 쓰도록 하세요.

① **between**
~사이에

between

----

② **behind**
~ 뒤에

behind

----

③ **in front of**
~ 앞에

in front of

----

④ **farm** 농장

farm

----

⑤ **gift shop**
선물가게

gift shop

----

⑥ **restaurant**
식당

restaurant

Listen, Read and Write

문장을 큰 소리로 따라 읽은 다음, 한 번은 따라 쓰기, 한 번은 스스로 쓰기 해보세요.

 It's between the hospital and the bakery.
그곳은 병원과 빵집 사이에 있어.

_____

 It's between the gift shop and the restaurant.
그곳은 선물가게와 식당 사이에 있어.

_____

 It's behind the shopping center.   그곳은 쇼핑센터 뒤에 있어.

_____

 It's in front of the police station.   그곳은 경찰서 앞에 있어.

_____

Unscramble and Copy

우리말에 맞게 단어 아래에 번호를 쓴 후, 문장을 완성해 보세요.

그곳은 서점 뒤에 있어.

the bookstore.   It's   behind
(   )   (   )   (   )

_____ _____ _____

상자 속 단어를 골라 문장을 완성하세요.

It's

| between | the hospital
the farm | and | the bakery
the museum | . |

| behind
in front of | the farm
the gift shop
the restaurant | . |

1 그것은 농장과 빵집 사이에 있어.

It's between _____ _____ and _____

_____.

2 그것은 선물가게 뒤에 있어.

It's _____ the _____ _____.

3 그것은 식당 앞에 있어.

It's _____ _____ _____ the _____.

4 그것은 병원과 박물관 사이에 있어.

_____ _____ _____ _____

_____ _____.

장소를 나타내는 전치사 ❸ between / behind / in front of

between은 '~ 사이에'라는 뜻으로, 두 개의 장소나 물건의 사이에 있다고 말할 때 쓰여요.

between 장소1 and 장소2	between + the museum + and + the bakery
	박물관과 빵집 사이에
	the gift shop + and + the bank
	선물가게와 은행 사이에

behind는 '~ 뒤에'라는 뜻이에요.

behind + 장소	behind + the farm	농장 뒤에
	the bookstore	서점 뒤에

in front of는 '~ 앞에'라는 뜻이에요.

in front of + 장소	in front of + the farm	농장 앞에
	the bookstore	서점 앞에

❶ 아이가 있는 곳을 설명하려면 어떤 말이 필요한지 골라 써 보세요.

behind	in front of	between A and B

_____   _____   _____

Chapter Review

A 다음 그림을 보면서 Unit 01~04까지의 내용을 정리해 보세요.

bookstore   flower shop

start

Go straight two blocks and turn left.
두 블록 쭉 가서 왼쪽으로 돌아.

It's on your right.
서점은 너의 오른쪽에 있어.

It's next to the flower shop.
꽃가게 바로 옆이야.

Where is the bookstore?
서점은 어디에 있어?

Word Box   각 단어 옆에 우리말 뜻을 써 넣으세요.

turn	take	your	between
left	bus	next to	behind
right	subway	flower shop	in front of
bank	get off	post office	farm
market	hospital	bookstore	gift shop
bakery	college	sports center	restaurant

B 지도를 보고 설명 속의 건물을 찾아보세요.

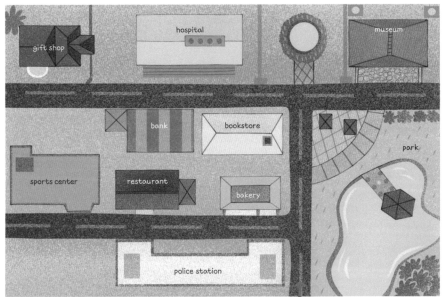

1 **Go straight one block and turn left.**

   It's on your right.

   It's between the bakery and the sports center.

   _____

2 **Go straight two blocks and turn right.**

   It's on your left.

   It's in front of the park.

   _____

지구를 살리는 습관

068

'should'는 동사와 함께 쓰여서 '~해야 한다'는 뜻을 만들어 줘요. 'save'하면 '아끼다', 'should save' 하면 '아껴야 한다'가 되지요. 환경을 보호하는 일처럼 우리가 해야 하는 일을 말할 때 사용하면 좋겠죠?

Step 1

We should save energy.
우리는 에너지를 아껴야 해요.

We can use the stairs.
우리는 계단을 이용할 수 있어요.

Don't forget to turn off the light.
불 끄는 것을 잊지 마세요.

We should save water.
우리는 물을 아껴야 해요.

We can use a cup.
우리는 컵을 사용할 수 있어요.

Don't forget to turn off the water.
물 잠그는 것을 잊지 마세요.

We should recycle things.
우리는 재활용을 해야 해요.

We can recycle cans and bottles.
우리는 캔과 병을 재활용할 수 있어요.

Don't use a paper cup or plastic bag.
종이컵이나 비닐봉지를 사용하지 마세요.

Chapter 9

일기쓰기

It was hot today.
오늘은 더웠다.

다음 문장을 듣고 큰 소리로 따라 읽어 보세요.

It	was	hot	today.
	~였다	더운	오늘

다음 단어를 듣고 큰 소리로 따라 읽은 다음 빈칸에 써 보세요.

단어를 쓸 때는 천천히 소리 내어 읽으며 쓰도록 하세요.

❶ **windy**
바람이 많이 부는

windy

----

❷ **sunny** 화창한

sunny

----

❸ **cloudy**
흐린, 구름이 잔뜩 낀

cloudy

----

❹ **raining**
비 오는

raining

----

❺ **snowing**
눈 오는

snowing

----

❻ **today** 오늘

today

▶ weather 날씨 | yesterday 어제

문장을 큰 소리로 따라 읽은 다음, 한 번은 따라 쓰기, 한 번은 스스로 쓰기 해보세요.

 How was the weather? 날씨는 어땠어?

_____

 It was hot today. 오늘은 더웠어.

_____

It was windy today. 오늘은 바람이 많이 불었어.

_____

 It was cloudy yesterday. 어제는 흐렸어.

_____

Unscramble and Copy

우리말에 맞게 단어 아래에 번호를 쓴 후, 문장을 완성해 보세요.

어제는 비가 왔어.

| It | yesterday. | raining | was |

(1)   (   )   (   )   (   )

_____ _____ _____ _____

상자 속 단어를 골라 문장을 완성하세요. 문장을 대문자로 시작하는데 주의하세요.

It was

windy
sunny
cloudy
raining
snowing

today
yesterday

.

① 오늘은 화창했다.

<u>It</u> _____ _____ <u>today</u> .

② 오늘은 흐렸다.

<u>It</u> _____ _____ _____ .

③ 어제는 눈이 왔다.

_____ _____ _____ <u>yesterday</u> .

④ 어제는 바람이 많이 불었다.

_____ _____ _____ _____ .

was로 과거의 일을 말해요. is / was

앞에서 현재를 표현하는 방법과 미래를 표현하는 방법을 배웠어요. 이번에는 지난 일, 즉 과거를 표현해 볼까요?

우선 친구들이 밤에 일기를 쓰려면 무엇을 제일 먼저 쓰죠? 오늘의 날씨예요.

아침에 일기예보에서 오늘의 날씨를 알려줄 때는   It is sunny today. 오늘은 화창하다.

저녁에 일기를 쓸 때는   It was sunny today. 오늘은 화창했다.

today는 '오늘'이라는 뜻이기 때문에 보통은 현재 시제와 많이 쓰이지만 일기에서는 과거 시제와 써도 좋아요.

is가 동사인 문장은 is를 was로 바꾸기만 하면 어제, 지난주, 작년 등 과거의 일이 된답니다. 날씨 말고 다른 것도 바꾸어 볼까요?

She is very kind.   ⟶ She was very kind.

그 여자는 매우 친절해.   그 여자는 매우 친절했어.

He is sitting on a chair.   ⟶ He was sitting on a chair.

그 남자는 의자에 앉아 있어   그 남자는 의자에 앉아 있었어.

1 다음 문장을 과거 시제로 바꾸어 보세요.

a. It is snowing.

➔ _____ _____ _____

b. It is faster than my rocket.

➔ _____ _____ _____ _____ my rocket.

c. He is smart.

➔ _____ _____ _____

d. My farorite subject is Korean.

➔ _____ _____ _____ _____ Korean.

I played basketball with my dad.
나는 아빠와 농구를 했다.

Key Sentence

다음 문장을 듣고 큰 소리로 따라 읽어 보세요.

I	played	basketball	with my dad.
나는	(운동을) 했다	농구를	아빠와

Key Words

다음 단어를 듣고 큰 소리로 따라 읽은 다음 빈칸에 써 보세요.

단어를 쓸 때는 천천히 소리 내어 읽으며 쓰도록 하세요.

❶ **basketball 농구**

basketball

----

❷ **baseball 야구**

baseball

----

❸ **badminton 배드민턴**

badminton

----

❹ **video game 비디오 게임**

video game

----

❺ **board game 보드게임**

board game

----

❻ **pool 수영장**

pool

▶ board game 체스, 바둑, 부루마불 등 보드 위에서 말을 움직여 하는 모든 게임을 말해요.
▶ brother 오빠, 형, 남동생 등 남자 형제 | sister 언니, 누나, 여동생 등 여자 형제

문장을 큰 소리로 따라 읽은 다음, 한 번은 따라 쓰기, 한 번은 스스로 쓰기 해보세요.

 I played basketball with my dad.   나는 아빠와 농구를 했다.

_____

 I played baseball with my brother.   나는 형이랑 야구를 했다.

_____

 I played video games with my uncle.

나는 삼촌이랑 컴퓨터 게임을 했다.

_____

 I played in the pool with my sister.

나는 누나와 수영장에서 놀았다.

_____

우리말에 맞게 단어 아래에 번호를 쓴 후, 문장을 완성해 보세요.

나는 엄마랑 배드민턴을 쳤다.

I	badminton	played	with my mom.
(1)	( )	( )	( )

_____ _____ _____ _____

상자 속 단어를 골라 문장을 완성하세요.

I played

| basketball |
| baseball |
| badminton |
| video games |
| board games |

in the pool

with

| my dad |
| my mom |
| my uncle |
| my brother |
| my sister |

.

1 나는 아빠랑 농구를 했다.

I _____ _____ with my dad .

2 나는 엄마랑 배드민턴을 쳤다.

I _____ _____ with my mom .

3 나는 형이랑 비디오 게임을 했다.

I _____ video games _____ my brother .

4 나는 누나랑 보드게임을 했다.

_____ _____ _____ _____ _____

_____ _____ .

-ed를 붙여 과거의 일을 말해요. play / played

이번에는 과거를 표현하는 가장 기본적인 방법을 배워 볼까요? 동사에 ed만 붙이면 돼요. 참 간단하죠?

일상생활을 이야기할 때는 현재로 표현했어요.

I play soccer on Sundays.　　나는 일요일마다 축구를 해.

오늘 축구한 일을 저녁에 일기 쓸 때는 과거로 표현하세요.

I played soccer.　　나는 축구를 했다.

이 과거는 다른 지난 시간을 나타내는 표현하고 함께 쓸 수도 있어요.

I played soccer yesterday.　　나는 어제 축구를 했어.

I played soccer last week.　　나는 지난주에 축구를 했어.

I played soccer last month.　　나는 지난달에 축구를 했어.

play는 '놀다', '악기를 연주하다', '운동 경기를 하다'처럼 다양한 뜻으로 쓰이지만 주로 활동하는뜻을 담고 있어서 뒤에 with(~와 함께)라는 말이 올 때가 많아요. with 다음에 함께 놀거나 운동한 사람을 써주는 거죠.

---

1 다음 문장에서 동사를 찾아 밑줄을 친 후 과거 시제로 바꾸어 보세요.

a. I play soccer with my brother.

→ ＿＿＿＿＿＿＿＿＿＿＿＿＿＿＿＿＿＿ yesterday.

b. I play in the swimming pool.

→ ＿＿＿＿＿＿＿＿＿＿＿＿＿＿＿＿＿＿ yesterday.

c. I play the piano.

→ ＿＿＿＿＿＿＿＿＿＿＿＿＿＿＿＿＿＿ yesterday.

d. I play the guitar.

→ ＿＿＿＿＿＿＿＿＿＿＿＿＿＿＿＿＿＿ yesterday.

073

Unit 03

I visited my aunt in Jeju-do.
나는 제주도에 사시는 이모네 놀러갔다.

Key Sentence

다음 문장을 듣고 큰 소리로 따라 읽어 보세요.

I	visited	my aunt	in Jeju-do.
나는	방문했다	나의 이모를	제주도에

Key Words

다음 단어를 듣고 큰 소리로 따라 읽은 다음 빈칸에 써 보세요.

단어를 쓸 때는 천천히 소리 내어 읽으며 쓰도록 하세요.

1 grandparents
조부모

grandparents
- - - - - - - - - - - - - - - - - -

2 cousin 사촌

cousin
- - - - - - - - - - - - - - - -

3 friend 친구

friend
- - - - - - - - - - - - - -

4 travel 여행하다

travel
- - - - - - - - - - - - - -

5 Jeju-do 제주도

Jeju-do
- - - - - - - - - - - - - -

6 Seoul 서울

Seoul
- - - - - - - - - - - - - -

▶ visit '방문하다'는 의미로 많이 쓰이지만 '~에 놀러가다'라는 의미로도 쓰여요.

▶ Busan 부산 ┃ Dokdo 독도

문장을 큰 소리로 따라 읽은 다음, 한 번은 따라 쓰기, 한 번은 스스로 쓰기 해보세요.

 I visited my aunt in Jeju-do.

나는 제주도에 사시는 이모네 놀러갔다.

_____

 I visited my grandparents in Paju.

나는 파주에 사시는 조부모님 댁에 놀러갔다.

_____

 I visited my cousin in Seoul. 나는 서울에 사는 사촌네 놀러갔다.

_____

 I traveled to Busan. 나는 부산으로 여행 갔다.

_____

우리말에 맞게 단어 아래에 번호를 쓴 후, 문장을 완성해 보세요.

나는 독도로 여행 갔다.

| I | to Dokdo. | traveled |

(   )   (   )   (   )

_____ _____ _____

상자 속 단어를 골라 문장을 완성하세요.

I
| visited | my grandparents
my aunt
my cousin
my teacher
my friend | in Jeju-do
in Seoul
in Dokdo
in Paju |
| traveled | to Busan | |

1 나는 제주도에 사시는 이모네 놀러갔다.

I _____ my _____ in Jeju-do .

2 나는 파주에 사는 내 친구 집에 놀러갔다.

I _____ _____ _____ in Paju .

3 나는 서울에 사시는 선생님 댁에 놀러갔다.

I _____ my teacher _____ _____ .

4 나는 부산으로 여행 갔다.

_____ _____ _____ _____ .

장소를 나타내는 전치사 ❹ in

8단원에서 길 찾기를 할 때 장소를 나타내는 전치사들을 배웠죠?

콕 집어서 구체적인 장소를 말하는 at   at the bank 은행에 / at the park 공원에

방향이 살짝 들어간 on   on the grass 잔디 위에 / on your right 너의 오른쪽에

그리고 아주 구체적인 위치를 알려주는 next to, between, behind, in front of까지 배웠어요.
이번에는 아주 넓은 범위를 말하는 in을 배워볼 거예요.
in도 역시 '~에'라는 뜻이지만 주로 넓은 장소를 말할 때 쓰거나, '~ 안에'의 의미로 쓰여요.

in(~에)   in Seoul(서울에) / in Korea(한국에) / in Asia(아시아에)

서울   한국   아시아

in(~안에)   in the box(상자 안에) / in your room(네 방 안에)

상자   방

❶ 다음 괄호 안에 알맞은 전치사를 골라 보세요.

a. I visited my friend (at / on / in) Busan.

b. I traveled to Jeju-do (at / on / in) Korea.

c. I helped my friend (at / on / in) Seoul.

I picked some tomatoes.
나는 토마토를 몇 개 땄다.

Key Sentence

다음 문장을 듣고 큰 소리로 따라 읽어 보세요.

I	picked	some tomatoes.
나는	땄다	약간의 토마토를

Key Words

다음 단어를 듣고 큰 소리로 따라 읽은 다음 빈칸에 써 보세요.

단어를 쓸 때는 천천히 소리 내어 읽으며 쓰도록 하세요.

① pick 따다

pick

----

② tomato 토마토

tomato

----

③ watch (공연을) 보다

watch

----

④ musical 뮤지컬

musical

----

⑤ club 동아리

club

----

⑥ Chinese 중국어, 중국의

Chinese

▶ some 약간의, 몇 개의

Listen, Read and Write

문장을 큰 소리로 따라 읽은 다음, 한 번은 따라 쓰기, 한 번은 스스로 쓰기 해보세요.

 # I picked some tomatoes. 나는 토마토를 몇 개 땄다.

_____

 # I watched a musical. 나는 뮤지컬을 보았다.

_____

 # I joined a book club. 나는 독서 동아리에 가입했다.

_____

 # I watered the flowers. 나는 꽃들에 물을 주었다.

_____

Unscramble and Copy

우리말에 맞게 단어 아래에 번호를 쓴 후, 문장을 완성해 보세요.

나는 삼촌을 도왔다.

I	my uncle.	helped
( )	( )	( )

_____ _____ _____

상자 속 단어를 골라 문장을 완성하세요.

I
picked	some tomatoes
watched	a musical
watered	the flowers
helped	my uncle
learned	Chinese
joined	the book club

❶ 나는 토마토를 몇 개 땄어.

_____I_____ _____ some _____ _____.

❷ 나는 삼촌을 도왔어.

_____I_____ _____ my _____ _____.

❸ 나는 독서 동아리에 가입했어.

_____ _____ the _____ club _____.

❹ 나는 중국어를 배웠어.

_____ _____ _____.

-ed로 만드는 다양한 과거 동사들을 공부해요.

앞 단원에서 배운 다양한 동사들을 복습하면서 과거형으로 만들어 볼까요?

1 동사에 알맞은 뜻을 연결한 후 과거형을 써 보세요.

a. play   •   • 보다   _____

b. visit   •   • 경기하다   _____played_____

c. watch •   • 방문하다   _____

d. help   •   • 돕다   _____

2 그림에 맞는 문장을 완성하세요.

a.    I _____ my dog yesterday.
(walk)

b.    I _____ my room yesterday.
(clean)

c.    I _____ the flowers yesterday.
(water)

d.    I _____ my dog yesterday.
(wash)

Chapter Review

A 다음 그림을 보면서 Unit 01~04까지의 내용을 정리해 보세요.

My Diary

It was hot today.
오늘은 날이 더웠다.

I visited my aunt in Jeju-do.
나는 제주도에 사시는 이모네 놀러갔다.

I picked some tomatoes.
나는 토마토를 몇 개 땄다.

I played basketball with my dad.
나는 아빠랑 농구를 했다.

Word Box 각 단어 옆에 우리말 뜻을 써 넣으세요.

windy	basketball	grand parents	pick
sunny	baseball	cousin	tomato
cloudy	badminton	friend	watch
raining	video game	travel	musical
snowing	board game	Jeju-do	club
today	pool	Seoul	Chinese

B 다음 우리말 일기를 읽고 영어로 써 보세요.

오늘은 비가 왔다. 나는 할아버지 할머니 댁에 놀러 갔다.

조부모님과 보드게임을 했다. 조부모님과 TV를 봤다.

It was raining today.

Chapter 10

방학에 있었던 일 이야기하기

Unit 01

I went to the beach with my family.
나는 가족들과 바닷가에 갔어.

Key Sentence 다음 문장을 듣고 큰 소리로 따라 읽어 보세요.

I	went	to the beach	with my family.
나는	갔다	바닷가에	나의 가족들과

Key Words 다음 단어를 듣고 큰 소리로 따라 읽은 다음 빈칸에 써 보세요.
단어를 쓸 때는 천천히 소리 내어 읽으며 쓰도록 하세요.

❶ beach 바닷가

beach

----

❷ family 가족

family

----

❸ festival 축제

festival

----

❹ cave 동굴

cave

----

❺ water park 워터 파크

water park

----

❻ village 마을

village

▶ Hanok Village 한옥마을 | Egypt 이집트 | class 반 학생들

Listen, Read and Write

문장을 큰 소리로 따라 읽은 다음, 한 번은 따라 쓰기, 한 번은 스스로 쓰기 해보세요.

 How was your vacation? 방학은 어땠어?

_____

 I went to the beach with my family.

나는 가족들과 바닷가에 갔어.

_____

 I went to the food festival with my family.

나는 가족들과 음식 축제에 갔어.

_____

 I went to a cave with my friends. 나는 친구들과 동굴에 갔어.

_____

Unscramble and Copy

우리말에 맞게 단어 아래에 번호를 쓴 후, 문장을 완성해 보세요.

나는 반 아이들과 워터 파크에 갔어.

I	to a water park	went	with my class.
(1)	( )	( )	( )

_____ _____ _____ _____

상자 속 단어를 골라 문장을 완성하세요.

I went

> to the beach
> to the food festival
> to a cave
> to a water park
> to the Hanok Village
> to Egypt

> with my family
> with my friends
> with my class

.

① 나는 가족들과 바닷가에 갔어.

I _____ to _____ _____ with my _____ .

② 나는 가족들과 한옥마을에 갔어.

I _____ ____ the Hanok Village _____

_____ _____ .

③ 나는 친구들과 워터 파크에 갔어.

I _____ to _____ _____ _____

with _____ _____ .

불규칙하게 변하는 과거 동사에 대해 알아보아요. ❶ go / went ①

앞 단원에서 동사에 ed를 붙여 과거를 만드는 것을 배웠어요. 이번에는 이렇게 규칙을 따르지 않고 마음대로 모습을 바꾸는 동사들을 만나 볼 거예요. 우선 가장 많이 쓰이는 go(가다)부터 시작해 볼까요.

| went + to 장소 | I **go to** the farm. 나는 농장에 간다.
I **went to** the farm. 나는 농장에 갔다. |

❶ go가 들어간 문장들을 과거로 바꾸어 보세요.

a. I go to the Help Dog Center.

➜ _____

b. I go to the park.

➜ _____.

> **복습코너**
>
> 장소 이름은 항상 대문자로 쓴다고 한 것 기억하나요?
> the Help Dog Center나 the Hanok Village 등은 특정한 장소 이름이라
> 서 단어마다 대문자로 시작한답니다.

❷ 우리말에 맞게 빈칸을 채워 보세요.

a. I _____ to the U.S. last month. 나는 지난달에 미국에 갔었어.

b. I _____ to Egypt last week. 나는 지난주에 이집트에 갔었어.

c. I _____ to the zoo yesterday. 나는 어제 동물원에 갔었어.

I went fishing with my dad.
나는 아빠와 낚시를 갔어.

다음 문장을 듣고 큰 소리로 따라 읽어 보세요.

I	went	fishing	with my dad.
나는	갔다	낚시를	아빠와

다음 단어를 듣고 큰 소리로 따라 읽은 다음 빈칸에 써 보세요.
단어를 쓸 때는 천천히 소리 내어 읽으며 쓰도록 하세요.

① fishing 낚시

fishing

- - - - - - - - - - - - - - - - - -

② camping
캠핑, 야영

camping

- - - - - - - - - - - - - - - - - -

③ swimming 수영

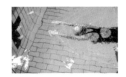

swimming

- - - - - - - - - - - - - - - - - -

④ hiking
하이킹, 걷기 여행

hiking

- - - - - - - - - - - - - - - - - -

⑤ shopping 쇼핑

shopping

- - - - - - - - - - - - - - - - - -

⑥ skiing 스키타기

skiing

- - - - - - - - - - - - - - - - - -

Listen, Read and Write

문장을 큰 소리로 따라 읽은 다음, 한 번은 따라 쓰기, 한 번은 스스로 쓰기 해보세요.

 I went fishing with my dad. 나는 아빠와 낚시를 갔어.

_____

 I went camping with my family. 나는 가족들과 캠핑을 갔어.

_____

 I went swimming with my class.

나는 우리 반 아이들과 수영을 갔어.

_____

 I went shopping with my mom. 나는 엄마와 쇼핑을 갔어.

_____

Unscramble and Copy

우리말에 맞게 단어 아래에 번호를 쓴 후, 문장을 완성해 보세요.

나는 엄마와 하이킹을 갔어.

with my mom.	went	hiking	I
( )	( )	( )	(1)

_____   _____   _____

상자 속 단어를 골라 문장을 완성하세요.

I went

| fishing |
| camping |
| swimming |
| hiking |
| shopping |
| skiing |

with

| my dad |
| my mom |
| my family |
| my friends |
| my class |

.

1 나는 아빠와 낚시를 갔어.

I _____ _____ with my dad .

2 나는 엄마랑 하이킹을 갔어.

I _____ _____ with my _____ .

3 나는 친구들이랑 수영을 갔어.

I _____ _____ _____ my friends .

4 나는 가족들과 캠핑을 갔어.

____ _____ _____ _____ ____ _____ .

불규칙하게 변하는 과거 동사에 대해 알아보아요. ❷ go / went ②

go가 went로 바뀌어서 과거 '갔다'로 쓰이는 것을 배웠어요. 이번에는 조금 다른 go의 사용법인데요, go 다음에 오는 동사에 ing를 붙여 활동을 이야기할 수 있답니다. 주로 야외 활동이나 운동 등을 표현할 때 많이 쓰이기 때문에 앞으로 많이 만나게 될 거예요.

| went + 동사~ing | I **go fishing**. 나는 낚시 간다. |
| | I **went fishing**. 나는 낚시 갔다. |

❶ 알맞은 단어를 골라 문장을 완성해 보세요.

a. I (go / went) fishing on Sundays.

b. I (go / went) camping last week.

c. I (go / went) swimming yesterday.

❷ 주어진 단어를 이용하여 문장을 완성하세요.

a. I _____ _____ yesterday. (shop) 나는 어제 쇼핑을 갔어.

b. I _____ _____ yesterday. (hike) 나는 어제 하이킹을 갔어.

주의사항

동사 뒤에 ing를 붙일 때는 주의해야 해요.
1 보통의 경우, 동사 + ing
   fish + ing → fishing / camp + ing → camping
2 단모음+단자음일 경우, 자음 한 번 더 쓰고 ing
   shop + ing → shopping / swim + ing → swimming
3 e로 끝나는 경우, e 빼고 ing
   hike + ing → hiking / skate + ing → skating

I took many pictures there.
나는 거기에서 사진을 많이 찍었어.

Key Sentence

다음 문장을 듣고 큰 소리로 따라 읽어 보세요.

I	took	many pictures	there.
나는	찍었다	많은 사진을	거기에서

Key Words

다음 단어를 듣고 큰 소리로 따라 읽은 다음 빈칸에 써 보세요.

단어를 쓸 때는 천천히 소리 내어 읽으며 쓰도록 하세요.

❶ **took**
(사진을) 찍었다

took
----

❷ **bought 샀다**

bought
----

❸ **rode 탔다**

rode
----

❹ **saw 보았다**

saw
----

❺ **ate 먹었다**

ate
----

❻ **made 만들었다**

made

▶ pretty 예쁜 | shoes 신발 | sea 바다 | delicious 맛있는 | snowman 눈사람

문장을 큰 소리로 따라 읽은 다음, 한 번은 따라 쓰기, 한 번은 스스로 쓰기 해보세요.

 I took many pictures there. 나는 거기에서 사진을 많이 찍었어.

_____

I bought pretty shoes there. 나는 거기에서 예쁜 신발을 샀어.

_____

 I rode a boat there. 나는 거기에서 보트를 탔어.

_____

 I saw many sea birds there. 나는 거기에서 바다새를 많이 봤어.

_____

Unscramble and Copy

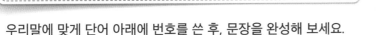

우리말에 맞게 단어 아래에 번호를 쓴 후, 문장을 완성해 보세요.

나는 거기에서 맛있는 음식을 먹었어.

ate	I	delicious food	there.
( )	(1)	( )	( )

_____ _____ _____ _____

상자 속 단어를 골라 문장을 완성하세요.

I
took	many pictures
bought	pretty shoes
rode	a boat
saw	many sea birds
ate	delicious food
made	a snowman
there.

1 나는 거기에서 사진을 많이 찍었어.

　　　I　　　　　　　　　　　many　　　　　　　　there　　　.

2 나는 거기에서 보트를 탔어.

　　　I　　　　　　　　　　　a　　　　　　　　　there　　　.

3 나는 거기에서 바다 새를 많이 봤어.

　　　I　　　　　　　many　　　　　　　　　　　　　　　　　.

4 나는 거기에서 눈사람을 만들었어.

　　　　　　　　　　　　　　　　　　　　　　　　　　　　　　.

불규칙하게 변하는 과거 동사에 대해 알아보아요. ❸

이번에는 완전히 다른 모습으로 변해서 과거를 나타내는 동사들이에요. 완전히 새로운 단어를 외우는 느낌이라서 어렵게 느껴지겠지만 친구들이 자주 만나는 동사 중에 이런 단어들이 많답니다.

일단 우리의 일상을 설명하는 아주 기본적인 단어들인 '먹다, 자다, 일어나다'부터 알아볼까요?

eat 먹다	sleep 자다	get up 일어나다
ate 먹었다	slept 잤다	got up 일어났다

사진을 찍거나 자전거를 타거나 무언가를 만드는 것도, 보는 것도 불규칙하게 변하는 단어들이에요.

take 찍다	ride 타다	make 만들다
took 찍었다	rode 탔다	made 만들었다

물건을 사거나, 무엇을 보는 것도, 누군가를 만나는 것도 새로운 모습을 외워야 해요.

buy 사다	see 보다	meet 만나다
bought 샀다	saw 보았다	met 만났다

❶ 알맞은 표현을 골라 동그라미 하세요.

a. I (made / maked) robots yesterday.

b. I (buyed / bought) pretty pants yesterday.

c. I (rode / rided) a bike yesterday.

❷ 주어진 단어를 이용하여 문장을 완성하세요.

a. I _____ fast food yesterday. 나는 어제 패스트푸드를 먹었어.
   (eat)

b. I _____ at 8:30 yesterday. 나는 어제 8시 30분에 일어났어.
   (get up)

It was fun.
재미있었어.

Key Sentence

다음 문장을 듣고 큰 소리로 따라 읽어 보세요.

It	was	fun.
그것은	~였다	즐거운

Key Words

다음 단어를 듣고 큰 소리로 따라 읽은 다음 빈칸에 써 보세요.
단어를 쓸 때는 천천히 소리 내어 읽으며 쓰도록 하세요.

❶ fun 재미있는

fun

----

❷ exciting 신나는

exciting

----

❸ great 대단한, 엄청난

great

----

❹ fantastic 환상적인

fantastic

----

❺ interesting 흥미로운

interesting

----

❻ boring 지루한

boring

Listen, Read and Write

문장을 큰 소리로 따라 읽은 다음, 한 번은 따라 쓰기, 한 번은 스스로 쓰기 해보세요.

 It was fun.   재미있었어.

_____

 It was exciting.   신이 났었어.

_____

 It was great.   대단했어.

_____

 It was fantastic.   환상적이었어.

_____

Unscramble and Copy

우리말에 맞게 단어 아래에 번호를 쓴 후, 문장을 완성해 보세요.

흥미로웠어.

interesting.	It	was
( )	( )	( )

_____ _____ _____

상자 속 단어를 골라 문장을 완성하세요.

It was

fun
great
interesting
exciting
fantastic
boring

.

① 재미있었어.

_____It_____ _____ _____.

② 환상적이었어.

_____ _____was_____ _____.

③ 지루했어.

_____ _____ _____.

④ 신이 났었어.

_____ _____ _____.

불규칙하게 변하는 과거 동사에 대해 알아보아요. ④

일상에서 많이 쓸수록 불규칙하게 변하는 동사가 더 많은 것 같죠? was도 is가 변한 과거니 불규칙에 속하겠네요.
여러분이 많이 하는 행동인 '읽다, 쓰다, 말하다'의 과거 역시 ed를 붙여서는 만들 수 없어요.

read 읽다	write 쓰다	speak 말하다
read 읽었다	wrote 썼다	spoke 말했다

옷을 입거나 수영을 하는 것도, 무언가를 가지는 것도 새로운 모습을 외워줘야 한답니다.

wear 입다	swim 수영하다	have 가지다
wore 입었다	swam 수영했다	had 가졌다

1 그림에 맞게 괄호 안의 단어를 써서 문장을 완성하세요.

a.

I ＿＿＿＿＿＿＿ in the pool yesterday.
(swim)

b.

I ＿＿＿＿＿＿＿ a story yesterday.
(write)

c.

I ＿＿＿＿＿＿＿ comic books yesterday.
(read)

d.

I ＿＿＿＿＿＿＿ a red T-shirt yesterday.
(wear)

주의사항

read가 과거로 쓰일 때는 발음이
[ri:d]가 아닌 [red]랍니다.

Chapter Review

A 다음 그림을 보면서 Unit 01~04까지의 내용을 정리해 보세요.

I went to the beach with my family.
나는 가족들이랑 바닷가에 갔었어.
I went fishing with my dad.
나는 아빠랑 낚시를 갔어.
I took many pictures.
나는 사진을 많이 찍었어.
It was fun.
재미있었어.

How was your vacation?
방학 어땠어?
What did you do?
뭐 했어?

Word Box 각 단어 옆에 우리말 뜻을 써 넣으세요.

beach	fishing	took	fun
family	camping	bought	exciting
festival	swimming	rode	great
cave	hiking	saw	fantastic
water park	shopping	ate	interesting
village	skiing	made	boring

B 우리말 문장을 읽고 영어로 써 보세요.

나는 가족들과 음식 축제에 갔다. 나는 거기에서 맛있는 음식을 먹었다.

나는 가족들과 캠핑을 했다. 환상적이었다.

I went to the food festival with my family.

초등 영어를 결정하는
영어표현
정답

Chapter 1

Unit 01

Unscramble and Copy

2, 4, 1, 3
I'm nine years old.

Drill and Sentence Building

1 I'm eleven years old.
2 I'm ten years old.
3 I'm thirteen years old.
4 I'm twelve years old.

Language Arts

1 I'm - I am, what's - what is,
  he's - he is, let's - let us, it's - it is
2 she is = she's, how is = how's,
  where is = where's, do not = don't,
  they are = they're

Unit 02

Unscramble and Copy

3, 2, 1
I'm from the U.S.

Drill and Sentence Building

1 I'm from Korea.
2 I'm from Mexico.
3 I'm from China.
4 I'm from France.

Language Arts

1 korea ➡ Korea, canada ➡ Canada,

china ➡ China, the us ➡ the U.S.,
france ➡ France, mexico ➡ Mexico
2 a. mexico ➡ Mexico
  b. jeju-do ➡ Jeju-do

Unit 03

Unscramble and Copy

1, 3, 2
I like taekwondo.

Drill and Sentence Building

1 I like taekwondo.
2 I like dogs.
3 I like comic books.
4 I like chicken.

Language Arts

1 robot, pizza, dog, Canada, Emily, Korea
2 a. France b. China c. books d. chicken

Unit 04

Unscramble and Copy

3, 1, 2, 4
I can run very well.

Drill and Sentence Building

1 I can make robots very well.
2 I can swim very well.
3 I can play the piano very well.
4 I can do taekwondo very well.

Language Arts

1 **a.** I can run. **b.** I can swim.

   c. I can make robots.

   d. I can make pizza.

Chapter Review

A

8	한국	닭고기	만들다
9	캐나다	피자	춤추다
10	멕시코	태권도	수영하다
11	미국	로봇	달리다
12	중국	만화책	연주하다
13	프랑스	개	하다

B Hi, my name is Yuri. I'm twelve years old. I like pizza. I can make pizza very well.

Chapter 2

Unit 01

Unscramble and Copy

1, 3, 2, 4

This is my grandma.

Drill and Sentence Building

1 This is my uncle.

2 This is my mom.

3 This is my grandma.

4 This is my aunt.

Language Arts

1 **a.** this **b.** that

2 **a.** This is my teacher.

   b. That is my robot.

   c. This bag is mine.

Unit 02

Unscramble and Copy

1, 3, 2

She is a farmer.

Drill and Sentence Building

1 He is a doctor.

2 She is a firefighter.

3 He is a farmer.

4 She is a scientist.

Language Arts

1 my mom ➜ she, my aunt ➜ she,
my grandpa ➜ he, my dad ➜ he,
my uncle ➜ he, my grandma ➜ she

2 **a.** She is a cook. **b.** He is a painter.

Unit 03

Unscramble and Copy

2, 1, 3, 4

She grows many plants.

Drill and Sentence Building

1 He grows many plants.

2 He cooks food very well.

3 She draws great pictures.

4 She makes robots.

Language Arts

1

I / You	He / She / Jane / Sam / My dad
grow	grows
save	saves
help	helps

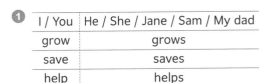

② a. He cooks food.

b. You draw pictures.

Unit 04

Unscramble and Copy

3, 2, 4, 1

He is very handsome.

Drill and Sentence Building

① He is very kind.

② She is very brave.

③ He is very shy.

④ She is very honest.

Language Arts

① a. You are very kind.

b. He is very smart.

c. I am very brave.

② a. She is very famous.

b. They are very honest.

c. John is very handsome.

Chapter Review

Ⓐ

엄마	의사	돕다	친절한
아빠	요리사	아픈	유명한
할머니	소방관	요리하다	용감한
할아버지	농부	구하다	수줍어하는
삼촌, 외삼촌, 고모부, 이모부	화가	기르다	잘생긴
이모, 고모, (외)숙모	과학자	그리다	정직한

Ⓑ This is my dad. He is a painter. He draws great pictures. He is very famous.

Chapter 3

Unit 01

Unscramble and Copy

1, 3, 2

My favorite subject is P.E.

Drill and Sentence Building

① My favorite subject is Korean.

② His favorite subject is English.

③ Your favorite subject is music.

④ Her favorite subject is P.E.

Language Arts

① a. my b. her c. his d. your e. their

Unit 02

Unscramble and Copy

2, 1, 4, 3

I like to play the guitar.

Drill and Sentence Building

① I like to read books.

② I like to play soccer.

③ I like to care for dogs.

④ I like to draw pictures.

Language Arts

① book- books, dish - dishes, tomato - tomatoes, fox - foxes

Unit 03

Unscramble and Copy

2, 1, 3, 4

I like to listen to music.

Drill and Sentence Building

❶ I like to write stories.

❷ I like to sing and dance.

❸ I like to look at bugs and flowers.

❹ I like to play sports.

Language Arts

❶ baby- babies, foot - feet, city - cities, child - children

Unit 04

Unscramble and Copy

2, 3, 1

I want to be a singer.

Drill and Sentence Building

❶ I want to be a writer.

❷ I want to be a fashion designer.

❸ I want to be an animal doctor.

❹ I want to be a singer.

Language Arts

❶ a. an English teacher b. a singer
c. an apple d. a writer

❷ a. English teacher ➠ an English teacher
b. a animal doctor ➠ an animal doctor
c. an soccer player ➠ a soccer player

Chapter Review

Ⓐ

국어	읽다	쓰다	작가
영어	말하다	이야기, 글	선생님
미술	그리다	찍다	패션 디자이너
체육	경기하다, 연주하다	스포츠, 운동경기	축구 선수
음악	축구	노래하다	가수
과학	~을 돌보다	~을보다	수의사

Ⓑ Soojin

Ⓒ dancer

Chapter 4

Unit 01

Unscramble and Copy

1, 3, 2

He has brown hair.

Drill and Sentence Building

❶ He has short brown hair.

❷ She has brown eyes and long hair.

❸ He has blue eyes and short hair.

❹ She has long straight hair.

Language Arts

❶ 1.ⓐ short curly hair
ⓑ long straight hair
2.ⓐ short brown hair
ⓑ long black hair

Unit 02

Unscramble and Copy

3, 2, 1
She is wearing a red skirt.

Drill and Sentence Building

1. She is wearing yellow pants.
2. He is wearing a nice hat.
3. She is wearing a red skirt.
4. He is wearing glasses.

Language Arts

1. a. I like pizza. (O) c. He is brave. (O)
   g. I am wearing a nice shirt. (O)
   h. She has short brown hair. (O)

Unit 03

Unscramble and Copy

1, 3, 2
She is talking with my mom.

Drill and Sentence Building

1. She is sitting on a chair.
2. I am making bubbles.
3. I am watering the flowers.
4. She is studying.

Language Arts

1. b. I am studying English.
   c. I am watering the flowers.
   d. I am talking with my dad.

Unit 04

Unscramble and Copy

2, 3, 1
He looks busy.

Drill and Sentence Building

1. He looks sad.
2. She looks busy.
3. He looks angry.
4. She looks happy.

Language Arts

1. a. He looks sad. b. She looks angry.
   c. You look tired. d. They look angry.
2. a. looks → look b. looks → look

Chapter Review

Ⓐ
파란	입고있다	앉다	똑똑한
갈색의	안경	공부하다	슬픈
짧은	모자	먹다	행복한
긴	치마	말하다	피곤한
곱슬곱슬한	셔츠	물주다, 물	바쁜
곧은	바지	의자	화난

Ⓑ 1. - ⓑ, 2. - ⓐ

Ⓒ I의모습: 파란 눈과 짧은 머리를 가지고 있다. 노란색 티셔츠와 빨간색 바지를 입고 있다. 꽃들에 물을 주고 있다. 행복해 보인다.

Chapter 5

 Unit 01

Unscramble and Copy

3, 1, 2, 4
I have lunch at 12:30.

Drill and Sentence Building

1. I get up at 7 o'clock.
2. I go to school at 8 o'clock.
3. I go to bed at 10 o'clock.
4. I have lunch at 12:30.

Language Arts

1. a. on Sundays b. at 5 o'clock
   c. on Christmas d. on my birthday

Unit 02

Unscramble and Copy

2, 3, 1
I ride my bike in the morning.

Drill and Sentence Building

1. I do my homework in the afternoon.
2. I help my mom in the morning.
3. I read books in the afternoon.
4. I use Internet in the evening.

Language Arts

1. a. in the morning
   b. in the afternoon
   c. in the evening

 Unit 03

Unscramble and Copy

2, 3, 1
I ride my bike in the morning.

Drill and Sentence Building

1. I do my homework in the afternoon.
2. I help my mom in the morning.
3. I read books in the afternoon.
4. I use Internet in the evening.

Language Arts

1. a. in the morning
   b. in the afternoon
   c. in the evening

Unit 04

Unscramble and Copy

1, 3, 2, 4
I wash my dog on Sundays.

Drill and Sentence Building

1. I go to the farm on Sundays.
2. I feed the rabbits on Saturdays.
3. I watch a movie on Sundays.
4. I grow vegetables on weekends.

Language Arts

1. a. on mondays → on Mondays
   b. in Sundays → on Sundays
   c. on Tuesday → on Tuesdays

Chapter 6

Unit 01

Unscramble and Copy

3, 2, 1
It's Lucy's phone.

Drill and Sentence Building

❶ It's Eric's bottle.
❷ It's Nara's umbrella.
❸ It's Kevin's kite.
❹ It's Tom's textbook.

Language Arts

❶ a. mine b. hers c. yours d. his

Unit 02

Unscramble and Copy

1, 3, 2
It has a white start.

Drill and Sentence Building

❶ It has a big star.
❷ It has a small heart.
❸ It has a pink ribbon.
❹ It has a long tail.

Language Arts

❶ a. I have a dog. b. It has a tail.
   c. Eric has a phone.

Unit 03

Unscramble and Copy

1, 3, 2
It looks like an airplane.

Drill and Sentence Building

❶ It looks like a shark.

❷ It looks like a bird.
❸ It looks like an airplane.
❹ It looks like a fish.

Language Arts

❶ a. I listen to the music.
   b. He watches TV every day.
❷ a. study → studies b. goes → go

Unit 04

Unscramble and Copy

3, 2, 1
It is heavier than the watermelon.

Drill and Sentence Building

1 It is faster than my rocket.

2 It is bigger than my bag.

3 It is heavier than the watermelon.

4 It is stronger than my dad.

Language Arts

1 **a.** taller **b.** heavy **c.** stronger
d. big **e.** faster **f.** longer

Chapter Review

A

로켓	큰	물고기	더 빠른
물병	작은	상어	더 큰
교과서	별	새	키가 더 큰
우산	리본	곰	더 긴
전화	심장, 하트	고양이	힘이 더 센
연	흰색의	비행기	더 무거운

B It has a big red heart. It looks like a rocket. It's Kevin's (backpack).

C It has a pink ribbon. It looks like a bear. It is smaller than the textbook.

Chapter 7

Unit 01

Unscramble and Copy

1, 3, 2
I will join a dance club.

Drill and Sentence Building

1 I will join a space camp.

2 I will join a dance club.

3 I will join an eco club.

4 I will join a ski camp.

Language Arts

1 **a.** I will wash my dog.
b. I will watch a movie.
c. I will feed the rabbits.
d. He will help sick people.

Unit 02

Unscramble and Copy

3, 1, 2
I will take a yoga class.

Drill and Sentence Building

1 I will learn about stars.

2 I will take a cooking class.

3 I will take magic class.

4 I will learn taekwondo.

Unit 03

Unscramble and Copy

1, 3, 2
I will make a garden.

Drill and Sentence Building

1 I will read science books.

2 I will make a garden.

3 I will go on a boat trip.

4 I will practice the guitar.

Language Arts

1. a. I have many books. (○)
   d. I have a lot of time (○)
   e. I have a lot of books. (○)
   g. I have a lot of homework. (○)

Unit 04

Unscramble and Copy

3, 2, 1
I want to go to Paris.

Drill and Sentence Building

1. I want to have a party.
2. I want to go to the zoo.
3. I want to go to Paris.
4. I want to stay home.

Language Arts

1. a. I want to do to the zoo.
   b. I don'twant to stay home.
   c. I don't want to have a party.
2. a. I don't want to watch a movie.
   b. I take a cooking class.

Chapter Review

(A)

참여하다	배우다	방문하다	원하다
우주	역사	박물관	산
스키	(수업을) 듣다	기타	파티
환경	요리	많은	콘서트
여름	수업	보트, 배	동물원
겨울	마술	여행	머물다

(B) a. I will join a space camp.
    b. I will make a garden.

c. I will go to a concert.
d. I will join a dance club.

Chapter 8

Unit 01

Unscramble and Copy

1, 3, 2, 5, 4
Go straight one block and turn right at the market.

Drill and Sentence Building

1. Go straight one block and turn right at the bakery.
2. Go straight two blocks and turn right at the corner.
3. Go straight three blocks and turn left at the market.

Language Arts

1. a. at the library b. on the grass
   c. at school d. on the bed

Unit 02

Unscramble and Copy

3, 2, 1, 4, 5
Take Subway Line 9 and get off at the park.

Drill and Sentence Building

1. Take Bus Number 3 and get off at the hospital.

2 Take Bus Number 11 and get off at the park.

3 Take Subway Line 1 and get off at the police station.

1 a. Take Subway Line 7. ━ 지하철 7호선을 타.

b. I get off at the park. ━ 나는 공원에서 내려.

c. I take Subway Line 7. ━ 나는 지하철 7호선을 타.

d. Get off at the park. ━ 공원에서 내려.

2 a. Open the window.

b. Get up at 7:30.

Unit 03

Unscramble and Copy

1, 3, 2

It's next to the bookstore.

Drill and Sentence Building

1 It's on your right.

2 It's on your left.

3 It's next to the post office.

4 It's next to the sports center.

Language Arts

1 a. A b. B c. A d. B

Unit 04

Unscramble and Copy

3, 1, 2

It's behind the bookstore.

Drill and Sentence Building

1 It's between the farm and the bakery.

2 It's behind the gift shop.

3 It's in front of the restaurant.

4 It's between the hospital and the museum.

Language Arts

1 a. in front of b. between c. behind

Chapter Review

Ⓐ

돌다	타다	너의	~사이에
왼쪽(으로)	버스	옆에	~ 뒤에
~ 뒤에	지하철	꽃집	~ 앞에
은행	하차하다	우체국	농장
시장	병원	서점	선물가게
빵집	대학	스포츠센터	식당

Ⓑ **1.** restaurant **2.** museum

Chapter 9

Unit 01

Unscramble and Copy

1, 4, 3, 2

It was raining yesterday.

Drill and Sentence Building

1 It was sunny today.

2 It was cloudy today.

3 It was snowing yesterday.

4 It was windy yesterday.

Language Arts

❶ a. It was snowing.

   b. It was faster than my rocket.

   c. He was smart.

   d. My favorite subject was Korean.

Unit 02

Unscramble and Copy

1, 3, 2, 4

I played badminton with my mom.

Drill and Sentence Building

❶ I played basketball with my dad.

❷ I played badminton with my mom.

❸ I played video games with my brother.

❹ I played board games with my sister.

Language Arts

❶ a. play, I played soccer with my brother yesterday.

   b. play, I played in the swimming pool yesterday.

   c. play, I played the piano yesterday.

   d. play, I played the guitar yesterday.

Unit 03

Unscramble and Copy

1, 3, 2

I traveled to Dokdo.

Drill and Sentence Building

❶ I visited my aunt in Jeju-do.

❷ I visited my friend in Paju.

❸ I visited my teacher in Seoul.

❹ I traveled to Busan.

Language Arts

❶ a. in Busan b. in Korea c. in Seoul

Unit 04

Unscramble and Copy

1, 3, 2

I helped my uncle.

Drill and Sentence Building

❶ I picked some tomatoes.

❷ I helped my uncle.

❸ I joined the book club.

❹ I learned Chinese.

Language Arts

❶ a. play - 경기하다 - played

   b. visit - 방문하다 - visited

   c. watch - 보다 - watched

   d. help - 돕다 - helped

❷ a. I walked my dog yesterday.

   b. I cleaned my room yesterday.

   c. I watered the flowers yesterday.

   d. I washed my dog yesterday.

Chapter Review

A

바람이 많이 부는	농구	조부모	따다
화창한	야구	사촌	토마토
흐린, 구름이 잔뜩 낀	배드민턴	친구	(공연을) 보다
비 오는	비디오 게임	여행하다	뮤지컬
눈 오는	보드게임	제주도	동아리
오늘	수영장	서울	중국어, 중국의

B It was raining today. I visited my grandparents. I played board game with my grandparents. I watched TV with my grandparents.

Chapter 10

Unit 01

Unscramble and Copy

1, 3, 2, 4
I went to a water park with my class.

Drill and Sentence Building

❶ I went to the beach with my family.
❷ I went to the Hanok Village with my family.
❸ I went to a water park with my friends.

Language Arts

❶ a. I went to the Help Dog Center.
　 b. I went to the park.
❷ a. I went to the U.S. last month.
　 b. I went to Egypt last week.

Unit 02

Unscramble and Copy

4, 2, 3, 1
I went hiking with my mom.

Drill and Sentence Building

❶ I went fishing with my dad.
❷ I went hiking with my mom.
❸ I went swimming with my friends.
❹ I went camping with my family.

Language Arts

❶ a. I go fishing on Sundays.
　 b. I went camping last week.
　 c. I went swimming yesterday.
❷ a. I went shopping yesterday.
　 b. I went hiking yesterday.

Unit 03

Unscramble and Copy

2, 1, 3, 4
I ate delicious food there.

Drill and Sentence Building

❶ I took many pictures there.
❷ I rode a boat there.
❸ I saw many sea birds there.
❹ I make a snowman there.

Language Arts

1
a. I made robots yesterday.
b. I bought pretty pants yesterday.
c. I rode a bike yesterday.

2
a. I ate fast food yesterday.
b. I got up at 8:30 yesterday.

Ⓑ I went to the food festival with my family. I ate delicious food there. I went camping with my family. It was fantastic.

Unit 04

Unscramble and Copy

3, 1, 2
It was interesting.

Drill and Sentence Building

1 It was fun.
2 It was fantastic.
3 It was boring.
4 It was exciting.

Language Arts

1
a. I swam in the pool yesterday.
b. I wrote a story yesterday.
c. I read comic books yesterday.
d. I wore a red T-shirt yesterday

Chapter Review

Ⓐ

바닷가	낚시	(사진을) 찍었다	재미있는
가족	캠핑, 야영	샀다	신나는
축제	수영	탔다	대단한, 엄청난
동굴	하이킹, 걷기 여행	보았다	환상적인
워터 파크	쇼핑	먹었다	흥미로운
마을	스키타기	만들었다	지루한